中西文化对比

刘英杰　著

内蒙古出版集团

内蒙古科学技术出版社

图书在版编目(CIP)数据

中西文化对比/刘英杰著. —赤峰：内蒙古科学
技术出版社，2015.10（2020.2重印）
ISBN 978-7-5380-2594-1

Ⅰ.①中… Ⅱ.①刘… Ⅲ.①比较文化—研究—中国、
西方国家 Ⅳ.①G04

中国版本图书馆CIP数据核字（2015）第241016号

出版发行：内蒙古出版集团 内蒙古科学技术出版社
地　　址：赤峰市红山区哈达街南一段4号
邮　　编：024000
邮购电话：(0476)5888903
网　　址：www.nm-kj.cn
责任编辑：那　明
封面设计：李树奎
印　　刷：天津兴湘印务有限公司
字　　数：180千
开　　本：880×1230　1/32
印　　张：6.75
版　　次：2015年10月第1版
印　　次：2020年2月第2次印刷
定　　价：48.00元

前　言

　　随着全球化步伐的不断加快, 中西方文化比较成为文化研究领域的热点。作为一名多年从事高校外语语言教学工作的教师, 在长期的教学实践和研究过程中, 我深感当语言学习进入到比较高级的阶段时, 文化背景知识和两种语言文化之间的对比愈加凸显出其重要作用。语言是文化的载体, 文化是语言的土壤, 在语言活动中, 处处可见文化的烙印, 因此研究语言的差异无法脱离文化比较, 语言教学上升到文化的高度才是教学的终极目标。用文化差异研究来促进语言教学和研究, 这是我进行本领域学习、研究的初衷。多年来, 我研读相关学术著作, 积累读书笔记, 逐渐形成自己的思考。阅读量的不断增大和研究及思考的深入, 促使我尝试在全校学生范围内开设 "中西文化比较" 这门通识教育选修课, 受到学生们的普遍欢迎, 这为我的进一步研究提供了巨大动力, 同时也产生了将课程讲义和个人思考结合起来形成著述的想法。经过几年的不断充实和完善, 终于完成了这部纲要性的学术著作。

　　对于文化这个纷繁复杂的综合系统, 一个多元的观照角度是研究工作的基本条件。探根溯源, 找寻两种文化在形成过程中的开端、发展和异同, 并探究产生异同的缘由, 这是我们理解两种文化差异的基础。本书采用通观式比较的方法, 运用平行研究的方式, 从剖

1

析中西文化的形成背景和基础入手,把以汉族文明为核心的中华文化和以古希腊罗马文明为正源的欧美文化作为比较对象,分别从宗教、文学、艺术、风俗习惯、伦理价值、思维方式和语言差异等角度进行有重点的考察和对比。通过对上述几方面基本异同的比较,可以使我们对两种文化的不同价值和基本精神有一个较为完整和较为系统的把握。

由于本人水平有限,加之在本领域研究时间较短,书中难免出现错漏及不足,恳请读者在阅读和使用过程中不吝赐教。

作者
2015年6月

目　录

第一章　引言

　　13世纪下半叶，意大利旅行家和商人马可·波罗沿陆上丝绸之路来到东方，当时的中国正值元朝的鼎盛时期，被称为东方最富有的国家。他在元大都（今北京）经商十几年，并先后到中国多地游历。回到威尼斯之后，在一次海战中被敌方军队俘虏。在狱中他向狱友口述了在中国的所有见闻及元大都的经济文化、民俗风情和各大都市、商埠的繁荣景况，二人合作写成了著名的《马可·波罗游记》，一时间被当作一部"奇书"在意大利乃至整个欧洲广为流传，为欧洲人展示了全新的视野。书中展示了一个东方帝国的雄伟壮观景象，比较全面地介绍了发达的中国物质文明和精神文明，将地大物博、文教昌明的大国形象展示在欧洲人面前。《马可·波罗游记》令西方人艳羡称奇，急欲亲睹为快，激起了西方人对中国的强烈向往。西方地理学家还根据书中的描述，绘制了早期的世界地图，对以后新航路的开辟产生了巨大的影响。在当时的西方人看来，东方的道德、智慧、富有都让他们自愧不如，游记激发了西方人探索东方古国的欲望和野心。

　　"马可·波罗的游记并非有意识地做中西文化比较，但蕴含了中西文化比较的因素——他所着重加以描述的，正是西方所缺乏的文化现象。"（许苏民，《比较文化研究史》，1992）

1

14世纪，意大利的一些富庶城邦开始出现了古典文明的复兴，艺术、科学和文学领域里发生了一场革命，这就是文艺复兴。文艺复兴运动使西方走出了中世纪的阴影，揭开了近代欧洲历史的序幕，历时近千年的"黑暗时代"终于结束了。文艺复兴的开创精神造就了一个历史时代——探险时代，开创了伟大的地理大发现时代。此时的欧洲科学进步，经济发展，文化繁荣，同时也开始了大规模的海外贸易、拓荒殖民和侵略战争。在贸易和殖民过程中，西方人渐渐感觉到了了解异域文化的必要性，于是便开始有意识地对反映异域文化的见闻和资料进行搜集、整理、研究和解释，以便更好地与当地部落文化或土著居民进行互动和交流，以及沟通和融合。

在西方，被公认为中西文化比较第一人的是意大利传教士利玛窦。

1583年，利玛窦来到中国，他是天主教在中国传教的最早开拓者之一，也是第一位阅读中国文学并对中国典籍进行钻研的西方学者。在传教的同时，利玛窦和徐光启等人合作，将西方自然科学和人文科学著作大量传入中国。他撰写的《中国札记》阐述了西方对中国的看法，对中西方文化交流做出了卓越贡献。他将中国人的风俗礼仪系统客观地介绍给西方，一时间激起了西方学术界的兴奋点。利玛窦于晚年写成了一份关于中国人宗教思想的手稿：《论中国人的自然神学》。在利玛窦之后的一百多年间，欧美众多学者对中国文化产生了浓厚兴趣。被誉为"17世纪的亚里士多德"的德国数学家莱布尼茨发现其所发明的二进制算法与中国古老易经的占卜术不谋而合后，感佩万分，热情赞美了中国人的智慧。在他的眼中，"阴"与"阳"基本上就是二进制的中国版。荷兰17世纪哲学家斯宾诺莎的泛神论也受到了老子《道德经》的深刻影响。除此而外，笛卡尔、孟德斯鸠、卢梭、狄德罗、伏尔泰、歌德、康德、罗曼·罗兰、罗素、杜威等人纷纷对中国园林、绘画的特点，中国史的停滞性，中国人价值观的乐感性、肉身性，中国道德伦理与西方宗教的对比等分别做了不同程度的关注和探究。

中西文化比较在中国是由鸦片战争为其揭开序幕的。面对西方的"坚船利炮"和晚清的积贫积弱，"中学为体，西学为用"成为19世纪下半叶精英阶层的主流观念。"体"，就是政治及道德伦理思想，亦即统治者的意识形态；"用"，就是科学知识及科技手段。明确提出这一思想的洋务运动代表人物张之洞在他的《劝学篇》中指明：西学的目的在于"强中国，存中学"，西学先须以"中学固其根柢，端其识趣"。他认为，西学不过是用来补偏救弊，中学才是砥柱中流的根本。

五四运动以后，"国粹主义"和"全盘西化论"成为两种极端观点，并一度掀起了思想界的激烈论争。直至20世纪，其余韵流风仍存。"文革"十年，精神和物质都堪称荒凉和贫瘠的中华大地遭遇了浩劫带来的民族精神和文化的大倒退。于是在噩梦醒来之后的20世纪80年代，一场文化研究的热潮悄然兴起。在这场文化研究的驱动下，长期被隔绝的现代西方学术成果如潮水般地被引进国门，有力地促进了我们"走向世界"的脚步。

时代发展到今天，我们已经超越了中与西、古与今二元对立的模式。古今文化的互补，中西文化的互动，是中国人当下的用力所在。博采外来文化众长，弘扬自身文化精华，继承传统，融会更新，是中华文明延绵不绝、中华民族发展壮大的最佳路径。

进入21世纪，世界正经历着一场巨大的结构性转变：越来越多的国家和地区加入了经济全球化和科技一体化的大潮，文化之间的接触、碰撞、交流、影响、继承、转型及文化的本土化、多样性、后现代语境下价值观念的多元一体等现象和理念日益突出。

从文化的视角放眼全球,对本土文化的认同,对未来发展方向的选择成为首先需要解决的课题。我们不禁要问,中华文明的优秀传统是什么?什么又是当今世界的先进文化?如何确立中国文化在世界文化版图上的坐标?怎样才能得出有关文化发展的清醒判断?在人类文明发展演化的大背景下,在全球文化多元共生的大视野中,如何预测世界文明的发展趋势?

纵观20世纪中期到今天的几十年的历史,中西方文化学者一直在致力于用各自不同的理论和观点做出文明发展和未来世界格局的预测。在众多预言和理论当中,最具影响力的首推加拿大传播学家麦克卢汉的"地球村"理论、美国人类学家亨廷顿的"文明冲突论"以及中国社会学家费孝通的"文化自觉论"。

第一节　麦克卢汉和"地球村"理论

1964年,加拿大著名传播学家M·麦克卢汉(Marshall McLuhan)的著作《理解媒介——论人的延伸》出版,在书中他首次提出地球村(Global Village)这一概念。麦克卢汉认为,随着广播、电视、互联网和其他电子媒介的出现及普及,随着各种现代交通方式的飞速发展,人与人之间、国家与国家之间的时空距离骤然缩小,整个世界就如同是浩瀚宇宙中的一个小村落——地球村。在这个地球村落中,国家好似一个一个的家庭,各大洲好像一个一个社区,大家互为依靠,密切往来,不论肤色、不论种族,最终将会形成一个呈现出多元文化形态的文明共同体。

在麦克卢汉看来，"地球村"的主要含义并不是指发达的传媒使地球在空间意义上变小了，而是指人的交往方式以及人类的社会和文化形态发生了重大的变化。电子媒介对城市实施了一种反都市化，即重新村落化。它削弱了城市的集权，使人的交往方式重新回到个人与个人的交往。"城市不复存在，唯有传播媒介作为吸引游客的文化幽灵。任何公路边的小饭店加上它的电视、报纸和杂志，都可以让人产生身在巴黎的感觉，似乎天下就在身边"。这种全新的感知模式会将人类带入一个和谐共生的大家庭。因为电子媒介的发展，人和人之间的沟通越来越便捷，所有生活在地球上的人们都可以随时随地进行交流。"旧的价值体系已经崩溃，新的体系正在建立"，一个人人参与的、新型的、整合的地球村即将产生。

麦克卢汉的"地球村"理论是全球化理论的萌芽，对研究全球化的学者产生了深远的影响，促进了世界经济一体化进程。

20世纪60年代，麦克卢汉的理论一经提出，便在欧美社会掀起了一个热潮。1965年《纽约先驱论坛报》甚至宣告该书作者是"继牛顿、达尔文、弗洛伊德、爱因斯坦和巴甫洛夫之后最重要的思想家"。他"从传媒技术发展的角度对即将到来的世界做出了大胆的预言"，他用"部落文化"（口头文化）"脱离部落文化"（拼音字母和印刷）"重返部落文化"（电子媒介）来隐喻人类传播史的宗教赎罪过程——伊甸园、人的堕落和重返天堂。

90年代互联网出现之后，"地球村"理论的第二次热潮又一次兴起。这一次，人们发现麦克卢汉的预言部分地被印证了：全球化、信息化、网络化、数字化的出现，使得时空距离相对缩小，这使人们又开始对他的理论深信不疑。但是，事与愿违，由于地理、政治、经济等诸多因素的影响，当今世界并没有像他预测的那样变成一个地球村,人们的生活也并没有重返部落的趋势,他的村落学说并没有变成现实。相反,由于电子媒介的出现,人口、资源、环境等问题愈加凸显,战争、贫富差距、文化差异等都阻止着世界变成一个和谐共融、安宁平静的村落。

事实证明,文明之间的互生互补、和谐交融只是一种一厢情愿的假设和梦想,因此,"文明冲突论"便应运而生,成了20世纪晚期最重要的人文理论。正如20世纪很多文化学者所注意到的那样,政治多极化、价值多元化、文化多样性乃至文明间的冲突成为新时代文明的一大标志,这与"地球村"理论显然是背道而驰的。

第二节　亨廷顿和"文明冲突论"

20世纪90年代,哈佛大学政治学教授、美国著名学者塞缪尔·亨廷顿(Samuel Huntington)提出了一个在世界上产生了极大影响的理论——"文明冲突论"(Clash of Civilizations)。

20世纪90年代初,苏联刚刚解体不久,人们开始回顾和总结即将过去的20世纪:从两次世界大战、持续而严重的冷战,到同盟国、协约国、法西斯同盟、反法西斯同盟,再到社会主义阵营、帝国主义阵营、"三个世界"的划分等,冲突成为20世纪的主旋律。在冷静分析这一系列冲突的根源时,人们往往将政治作为首要因素加以研究。但从全球视野来看,"政治根源说"似乎很难延续。"文明冲突论"在这种时代背景下横空出世,与当年的"地球村"理论一样,它立刻成为各国政治和文化学者瞩目的焦点,在世界范围内引发了研究和讨论的热潮。

1996年,亨廷顿的《文明的冲突与世界秩序的重建》一书出版。

在书中,他系统而全面地阐述了文明冲突理论。他认为,冷战后世界格局的决定因素表现为八大文明间的抗衡,即中华文明、日本文明、印度文明、伊斯兰文明、西方文明、东正教文明、拉美文明,还有可能存在的非洲文明,而主宰全世界的将是文明间的冲突。

亨廷顿教授认为,21世纪的冲突,将以文明为坐标,每个文明群落都将以自己的文明为皈依,然后与其他文明展开对弈,彼此相互纠缠,爆发冲突。

文明冲突论的核心观点如下:

(一)未来世界冲突的根源将主要是文化的冲突而不是意识形态和经济的冲突,全球政治的主要冲突将在不同文明的国家和集团之间进行,文明的冲突将主宰全球政治。

(二)文明冲突是未来世界和平的最大威胁,跨越文明间的界限(Crossing Boundaries)显得非常重要。

(三)文明之间更可能是竞争性共处(Competitive Coexistence),即冷战和冷和平。

(四)文明之间的冲突,主要是世界七种文明的冲突,而伊斯兰文明和儒家文明可能共同对西方文明进行威胁或提出挑战。

亨廷顿的理论在学术界引起了广泛而激烈的学术争鸣。

第三节 费孝通和"文化自觉"理论

"文化自觉"是社会学家、人类学家费孝通先生晚年提出的关于文化建设与社会发展的重要理论,这一理论与亨廷顿的"文明冲突论"并列,被视为当今国际上不同的两大有代表性的发展理论。

费孝通先生1998年在《百年北大与文化自觉》的学术报告中说:

7

"文化自觉是指生活在一定文化中的人对其文化有'自知之明',明白它的来历、形成过程、所具有的特色和它发展的趋向。它不带有任何'文明回归'的意思,不是要'复旧',同时也不是主张'全盘西化'或'全盘他化'。'自知之明'是为了加强对文化转型的自主能力建设,努力获得适应新环境、进行新时代文化选择的自主地位。"

在2002年香港举行的"21世纪中华文化世界论坛"上,来自世界各地的130多位学者就"文化自觉与社会发展"这一主题进行了广泛的研讨,会上有学者将"文化自觉论"与"文明冲突论"并列,将其视作当今国际上不同的两大有代表性的发展理论,是21世纪世界各民族确立新的时代主题和履行新的历史使命而提出的新的发展观,是一个内涵丰富且外延广阔的学术范畴,不仅有重要的学术价值,也有重大的现实意义。

费孝通先生将文化自觉的内容分为三个方面:

(一)要自觉到自身文化的优势和弱点,懂得发扬优势克服弱点。

(二)要自觉到传统文化是在过去的条件下形成的,要使它有益于今天,就必须进行新的现代诠释,使其得到更新和发展。

(三)要自觉到任何一种文化都是作为全球一员而存在的,已经不可能像古代社会那样作为封闭孤立的个体而存在了,因此要审时度势,了解世界文化语境,参与世界文化重组,使自己的文化为世界所用,成为世界文化新秩序不可或缺的重要组成部分。

"'文化自觉'是一种认识角度,一种处世心态,一种精神境界,一种深刻的文化思考,一种执著的文化追求。同时,它也是一种具有高度人文关怀和社会责任感的文化理念,是对人类文明的终极思考和关怀。"(余同元,《中国文化概要》,2008)通过"文化自觉",达到社会的"和而不同",从而成就人与自然、人与社会、人与自我三组关系的和谐,最终促成全社会和谐、全世界和平。

我们认为,坚持文化自主地位,加强文化自觉,发出自己的文化声音,是全世界多民族、多文化的共生之道,也是中华民族与其他民族的共生之道。只有坚持文化自觉,才能自觉反思本土文化和异域文化之间的差距,从而完成自我调适和新的文化建构。既不妄自菲薄,也不妄自骄矜;既反对文化霸权,又拒斥文化中心主义,提倡文化相对主义,阻击文化沙文主义和文化殖民主义。在促进民族文化复兴的过程中,我们应该不断加深对中西文化的认识,把握各自的精华,挖掘彼此的价值,吸收对方文化的优秀成分,充实和革新自己的文化,以达到文化改造和文化振兴的最终目标,这也是坚持文化自觉的题中应有之义。

第四节　中西文化比较的意义

进入21世纪,人类正在面对着一幅多文明、多色彩的崭新世界蓝图。随着生产力水平的迅猛提高,交通、通讯水平的日新月异,经济、文化、政治沟通的日趋频繁,新的文化转型期已经到来。

在这样的时代背景下,我们回顾中华民族的五千年文明史,华夏子孙曾经经历过各种形式的文明之间的碰撞和交流。从丝绸之路到唐僧取经;从成吉思汗的西征到马可·波罗的东方之旅;从郑和下西洋到明清之际西方传教士带来的西学东渐;从"师夷长技以制夷"到"中体西用"等无可奈何的权宜之策,再到五四新文化运动带来的对西方文明的推介与吸收;从马克思主义的东方化到上个世纪80年代改革开放的战略选择,直至今日"一带一路"的顶层设计;从对

"国际化""全球化"的主动拥抱到重拾古老的东方智慧并从中寻求发展的潜能和精神的依托，追溯中华文明的发展轨迹，总体来讲，中华民族走过的是一条顺应历史潮流，然而却艰难曲折的民族发展和文明复兴之路。

从隔绝到沟通，从冲突到交融，中华文明之树的成熟与壮大离不开全人类文化土壤的滋养。反过来，中华文明结出的丰硕果实对人类共同文明的建设也发挥着不可或缺的作用。

复兴古老的中华文化，是几代人孜孜求索、前赴后继的事业。国粹主义和东方文化救世论抑或欧洲中心主义已然成为历史的陈迹，客观冷静地审视自己的本土文化，以一种新的全球意识和文化眼光去关注自己生活天地之外的世界，深入思索千姿百态的文化差异产生的根源和条件，重新认识和评价中国的文化传统，用积极主动的姿态应对西方文化的冲击，以一个自主自强民族的开放胸襟去探索中华文化走向现代化的最佳路径，这正是我们进行文化比较的内在驱动力，也是文化比较的意义所在。

当我们从民族和国家的宏观视野回归到个体的微观视角，作为全球化时代"地球村"的公民，在跨文化交际的实践层面上，只有深刻理解、正视和尊重文化的差异性和多元性，尊重不同文化的价值观念和生活方式，提高对不同文化环境的适应和反应能力，才可以减少和避免文化差异导致的文化冲突，从而在跨文化交际中进退裕如，游刃有余。

第五节　何谓文化

文化是一个语义颇为朦胧的概念。什么是文化？文化学者余秋雨先生曾说:"文化是一种精神价值、生活方式和集体人格,因此在任何一个经济社会里它都具有归结性的意义。"在他的散文集《何谓文化》里,曾提到20世纪末在纽约召开的"经济发展和文化转型"国际学术研讨会上各国学者对文化的理解和阐述,现列举其中有代表性的部分如下:

"一个社会不管发达与不发达,表面上看来是经济形态,实际上都是文化形态。"

"经济活动的起点和终点,都是文化。"

"经济发展在本质上是一个文化发展过程。"

"经济行为只要延伸到较远的目标,就一定碰到文化。"

"赚钱的最终目的不是为衣食,而是为荣誉、安全、自由、幸福,这一切都是文化命题。"

……

综合以上观点,我们可以得出这样的共识:文化,是一切人类活动的起点和终点。既然如此,我们对于文化这个概念的内涵和外延就必须有一个比较清晰的认识。那么,究竟应该如何定义"文化"呢?

"文化"是中国语言系统中古已有之的词汇。西汉以后,"文"与"化"才结合而成一个词,是"人文化成"和"文治教化"的省称。最初出现在西汉末年经学家刘向的《说苑·指武》当中:"凡武之兴,为不服也。文化不改,然后加诛。"此处的"文化"是与"武力"相对应的。晋代束皙在《补亡诗》中写下了这样的句子:"文化内辑,武功外悠。"意为于内有文化修养,于外能建功立业。可见,在中国古代,文化的本意便是以文教化,是对人性情的陶冶和品德的培养,即在精神领域的塑造和发展。可见,文化的古典含义就是指精神财富。

11

文化的含义显然不止于此。那么，"文化"一词是如何获得了更为宽泛的意义的呢？

作为汉字文化圈的一员，日本在古代已广泛采用成批汉字，"文化"一词便是其一。19世纪中叶，日本开始了"明治维新"，大规模译介西方学术经典，对"culture"一词，便选择了"文化"来进行对译。于是，新的内涵便在文化的古典意义基础上注入进来。

近现代使用的"文化"一词，增加了英语"culture"和德语"kultur"的词义。以上两词均来自拉丁语"cultura"与"colere"，原义含有神明、崇拜、耕种、练习、动植物培育等意思。与中国古代"文化"偏重精神教化不同，西方"culture"更多地展现了由物质生产活动引入精神生产活动的文明进化特点，即在原始的栽培、种植之意上引申出了对人性情的陶冶和品德的培养，从物质生产领域过渡到了精神生产层面。

随着时空流转，人类的认识能力不断提升。如今，"文化"已成为一个内涵丰富、外延宽广的多维概念。

与"文化"含义相近的中国古典词汇是"文明"。李渔的《闲情偶记》称"辟草昧而致文明"，是指一种进步状态，与"野蛮"对应。"文"指文采、文藻，"明"指昌明、光明，联合成为"文明"，其意指精神的光明普照大地。日本学者首先采用"文明"对译civilization。"civilization"一词本意为城市的舒适环境、文明设施及都市生活，与"野蛮、尚未开化"是相对应的。1896年，梁启超在由他主笔的《时务报》上首次采用"外国文明""文明之利器""文明渐开"等词语。胡适在1926年的《我们对于西洋近代文明的态度》一文中，将"文明"定义为"一个民族应付其环境的总成绩"，并尝试对"文明"和"文化"的内涵做了初步的区分。

总体来讲,作为两种人类现象,"文化"和"文明"的内涵本质是存在差异的。文化的内蕴指"自然的人化",是指人经过劳作将自然加工为文化。而"文明"指文化已发展到较高阶段,超越了蒙昧和野蛮的石器时代。它以文字的发明和使用,金属工具的出现和使用以及城市的出现作为标志。

虽然"文化"和"文明"确有概念上的差异,但两者之间相互联系与相互重合的部分远远大于其间的差异,故而在实际应用中没有必要过多地纠缠于细微的差别。广义来讲,"文化"和"文明"可以等同使用,在一般语境下没有必要刻意区分。如玛雅文化等同于玛雅文明,巴比伦文明也可以称为巴比伦文化,中华文明和中华文化亦经常被混同使用。

明确了"文化"一词的概念形成过程,对于文化定义的追索便成为我们进行文化比较的逻辑前提。

人类学家、社会学家和社会心理学家对文化这一概念的认识经历了一个较长的历史过程。文化在不同时代被赋予不同的含义,同其他学科术语一样,它有从古典到现代的意义流变,还有从内涵到外延的深广度拓展。人文社会科学的某一个概念,在不同角度的多维视野中完全可以做出不同的界定。如果以人类学鼻祖、英国人类学家泰勒在《原始文化》一书中提出的文化界说为上限,我们可统计出以下几个数据:1871—1919年共7种,1920—1950年增加到157种。到了1965年,在莫尔的著作《文化的社会进程》中出现了250种说法。之后不久,俄罗斯学者克尔特曼在从事文化定义的对比研究中,发现文化的定义已逾400种。文化定义的种类繁多从某种程度上折射出了文化内涵的博大精深、复杂纷繁。

正如美国文化人类学家洛威尔(A. Lawrence Lowel, 1856—

13

1942)所言:"在这个世界上,没有别的东西比文化更难以捉摸。我们不能分析它,因为它的成分无穷无尽;我们不能叙述它,因为它没有固定的形状;我们想用文字来定义它,就如同要把空气抓在手里。除了不在手里,它无处不在。"

瑞士心理学家荣格(C. Gustar Jung, 1875—1961)说:"一切文化都沉淀为人格。不是歌德创作了浮士德,而是浮士德创作了歌德。"此处浮士德即指德意志民族的集体人格,也是其文化的象征,鲁迅先生称这种民族的集体人格为"国民性",它是民族的灵魂。民族的灵魂有其积极正向的一面,也有负面消极的成分。

尽管文化话语烟雾迷茫,但我们还是可以在以下众多定义的重合交叉中领悟到文化的真正内涵所在。

1871年英国文化学家泰勒在《原始文化》一书中,将文化定义为:"文化或文明,就其广泛的民族意义来讲,是包括全部的知识、信仰、艺术、道德、法律、风俗以及作为社会成员的人所掌握和接受的其他才能和习惯的复合体。"这个定义对学术界所产生的影响一直延续至今。

1973年出版的《苏联大百科全书》第三版对文化的界定是:"文化是人和社会在历史上一定的发展水平,它表现为人们进行生活和活动的种种类型和形式,以及人们所创造的物质和精神价值。文化这个概念用来表示一定的历史年代、社会经济形态、具体社会、民族和民族的物质和精神的发展水平(例如,古代文化、社会主义文化、玛雅文化)以及专门的活动和生活领域(劳动文化、生活文化、艺术文化)。文化这个术语从较狭义的意义来看,仅指人们的精神生活领域。"

美国人类学家克罗伯对文化的界说较为全面。他在《文化·概念和定义的批评考察》一书中指出："文化由外显的和内隐的行为模式构成；这种行为模式通过象征符号而获得和传递；文化代表了人类群体的显著成就，包括它们在人造器物中的体现；文化的核心部分是传统的（即历史地获得和选择的）观念，尤其是它们所挟带的价值；文化体系一方面可以看作是活动的产物，另一方面则是进一步活动的决定因素。"这一定义为当代文化界所接受，影响较为广泛。

我国1999年版《辞海》写道："广义的文化指人类在社会实践中所获得的物质、精神的生产能力和创造的物质、精神财富的总和。狭义指精神生产能力和精神产品，包括一切社会意识形式：自然科学、技术科学、社会意识形态。有时又专指教育、科学、文学、艺术、卫生、体育等方面的知识和设施。"

梁启超在《中国历史研究法》中说："文化是人类思想的结晶。"在《什么是文化》中说："文化者，人类心能所能开积出来之有价值的共业也。"

著名哲学家张岱年在《文化与哲学》一书中说："狭义的文化指文学艺术；广义的文化包括哲学、宗教、科学、文学、艺术、社会心理、风俗习惯等。"

美国学者里尼尔·戴维斯（Linell Daris）在她的《Doing Culture·中西文化之鉴》一书中用修辞性语言描述了文化的概念："文化是漂浮在海洋中的冰山，是人体这个庞大工作系统的软件，是鱼类赖以生存、遨游其中的江、河、湖水，它也是发生在我们每个人身上的故事，更是我们行为做事的法则。"

余秋雨先生对于文化的定义虽然简短，但非常精准："文化，是一种包含精神价值和生活方式的生态共同体，它通过积累和引导，创建集体人格。"

无论"文化"一词的定义如何丰富繁杂、推陈出新，有一点却是毫无争议的，即人是文化的核心。有人才能创造文化，文化是人类智慧和创造力的体现。正如莎士比亚借哈姆雷特之口所言："人类是一件多么了不起的杰作，不愧是宇宙的精华，万物的灵长。"在历史的长河中，不同肤色、不同种族的人创造了各具特色、辉煌灿烂的文化。

人类创造了文化，也享受着文化，并反过来受文化的约束，最终又要不断地改造文化。如果没有人的主动创造，文化便失去了光彩，失去了活力，甚至失去了生命。因此，文化是人超越自然属性的理想和努力。

第六节　文化的层次说

文化人类学认为文化可以分为四个层次：

（一）物态文化层，指人的物质生产活动及其产品的总和，是看得见摸得着的具体事物，如人们的衣、食、住、行等。

（二）制度文化层，指人们在社会实践中建立的规范自身行为和调节相互关系的准则。

（三）行为文化层，指人在长期社会交往中约定俗成的习惯及风俗。

（四）心态文化层，指人们的社会心理和社会的意识形态，包括人们的价值观念、审美情趣、思维方式以及由此而产生的文学艺术作品。这是文化的精华部分。

有关文化的定义又可概括为广义的、中性的和狭义的三个层次。

第一个层次的定义是大文化观,涵盖人类文明的所有成果。包含物质文化、精神文化、制度文化三大部分。正如钱穆所言:"文化即是人类生活三大整体,汇集起人类生活之全体即是文化。"(钱穆《文化与生活》载《中国文化之特质》,世界书局,台湾,1969)

第二个层次是人化,指精神成果的创造性转换,其核心内容是作为人类精神产品的各种各样的创造性知识。

第三个层次的文化定义主要是学术思想和价值观念的对象化(内化和外化)。如中国古代传统文化中的"内圣外王"之道,即是典型价值观念对象化的追求。如今人们常说的"腹有诗书气自华"也是一种外化的体现。

部分人类学家也将文化分为三个层次:高级文化(High Culture),包括哲学、文学、艺术、宗教等;大众文化(Popular Culture),指习俗、仪式及衣食住行、人际关系等;深层文化(Deep Culture)指价值观念等深层领域。高级文化和大众文化均根植于深层文化,而深层文化的某一概念又以一种习俗或生活方式反映在大众文化中,也以一种艺术形式或文学主题反映在高级文化中。

第七节　文化的基本特征

一、继承性

文化作为一种历史现象,其发展具有历史的继承性。在文化的历史发展进程中,每一个新的阶段都是对前一个阶段的否定,但同时对其所有的进步内容和文化成果进行有选择的继承。在人类历史中,每一个社会在继承过去时代文化的有价值的东西时,一方面是传承财富,另一方面是为在过去的文化中找到自己思想观念的依托。

文化的继承性在现在与过去和将来之间发挥着纽带作用。物质文化的继承性往往带有进步性,而精神文化的继承性可能是进步的,也可能是反动和倒退的。

二、变异性

文化就其本质而言是不断变化的。文化变迁指一种文化足以影响文化内容和文化结构的变化。19世纪的进化论学者认为人类文化是由低级到高级,由简单到复杂不断进化的。文化变迁是指"现在的社会秩序,包括组织、信仰、知识以及工具和消费者的目的,或多或少发生改变的过程。"(英·马林诺夫斯基)

总体来讲,文化的稳定是相对的,而其变异是绝对的。文化变异有其内因和外因。文化学者们认为新发明和新发现是文化变异的源泉,而文化变异的外因是社会革命。一般说来,文化变异通过缓慢的积累才会发生质变,当然,在特定条件下也可能发生剧变。

三、阶级性

人类进入阶级社会以后,文化必然有阶级性。在一个民族和社会中,统治阶级总是贯彻本阶级的意识形态、本阶级的道德标准和行为规范,而被压迫的阶级一定会反抗,在文化领域里表露自己的心声。所以通常意义的民族文化是指一个民族中不同阶级文化成分的对立统一。特别是宗教、道德、习俗等在原始社会是没有阶级性的,但一旦进入阶级社会,这些领域都被统治阶级打上鲜明的阶级烙印。

四、民族性

民族有四大特征：共同的语言、共同的地域、共同的经济生活和具有强大共核的思维方式和民族心理。每一种民族文化都是一个民族在长期历史发展过程中自己创造和发展起来的。精神领域的民族文化的价值是巨大的智力财富，呈现出惊人的多样性、独特性和不可重复性。而每一个民族文化都属于全人类，在自己的独特发展道路上汇入全人类的价值体系。

五、普世性

文化的普世性建立在民族文化之间的共性基础上，世界文化的崇高理想是文化一体化。文化的许多领域如科学、哲学、道德、文学和艺术等不仅包含阶级的内容，而且包含全人类的普世成分。这些成分促成各国人民的相互接近，同时丰富全人类的文明。各民族文化价值观在高新技术的迅速普及中正在互相渗透，这丰富了民族文化，使作为文化体系的民族文化更富生机和活力。

六、时代性

文化在发展进程中，经历了不同的时代，每一个时代都有自己的文化类型。时代的更迭必然诱发文化的变异。在继承、扬弃和发展中，文化完成自己对上一个时代文化成果的取舍。

七、互动性

一个民族如果不与外界交往、接触，只是局囿于本民族的文化圈子当中，必然在一定程度上陷入文化贫困的泥沼。文化一旦陷入自我封闭状态,就会迅速枯萎。井底之蛙,夜郎自大,拒绝与世界文化交流,长此以往必然会凋零衰落。文化的自给自足会导致毁灭性的孤立主义,无异于文化自杀。民族文化的生存发展不可能脱离那个时代的历史环境,一个民族吸收其他异质文化成果的能力是民族文化生命力的一个重要指标。日趋频繁的文化交往可以促进某些文化成分的趋同,从而创造出更加优良的人类生存环境。

第八节　本书的比较范畴

在弄清了文化的内涵、外延和文化比较的意义之后,选择一个合适的逻辑起点和比较范畴便成为本书接下来的任务。

对于一个复杂的综合系统,一个多元的观照角度是研究工作的基本条件。探根寻源,找寻不同的两种文化在形成过程中的开端、衍变和异同,并探寻产生异同的缘由,这是我们努力了解各种文化之独特性的基础。在本书撰写过程中,我们采用通观式比较方法,运用平行研究的方式,从剖析中西文化形成的背景和基础入手,把以汉族文明为核心的中华文化和以古希腊罗马文明为正源的欧美文化作为比较对象,分别从宗教、文学、艺术、风俗习惯、价值观念、思维方式和中西方语言差异等角度进行有重点的考察和对比。通过对上述几方面基本异同的比较,可以使我们对两种文化的不同价值和基本精神有一个较为完整和较为系统的把握,从而展开更深入的思考,最终对中华文化未来的发展道路得出冷静的判断,也有助于我们在各领域游刃有余地进行跨文化交际。

第二章 中西方文化探源

第一节 探源的起点

文化作为人类社会不断向前发展的产物,它是人类在几千年的生存斗争过程中创造的物质财富和精神财富的总和,是人类不断摆脱自然控制走向成熟和自由的标志。

人类社会每一种独特的文化形态都有自己赖以滋生的土壤,其产生和发展与其所处的地理条件和自然环境密切相关。在不同的生态和自然环境下,不同的民族创造了自己独特的文化,也被自己的文化所塑造。在中国与西方这两大气质迥异的文化系统中,这种由基础条件的差异给文化面貌的形成带来的影响表现得尤为突出。"农耕文化"和"商战文化"两种文化形态,就是因为初民时代生产力低下而只好"靠山吃山,靠水吃水"的结果。这是一种文化遗传的密码和基因,文化"基因"一旦形成,便很难改变。

古往今来,众多学者都将地理环境乃至气候的因素排在推动和制约不同民族文化创造的主要因素的首位,即"第一推动力"。古希腊的希波克拉底、亚里士多德,近代的孟德斯鸠、黑格尔,现代欧美的著名历史学家、地理学家如汤因比、伯恩斯、亨廷顿对此都有过各自精彩的论述。美国实用主义哲学家杜威在《自由与文化》中指出:

"在人类早期历史中，文化条件简直就像生理条件一样，影响并决定人的意志。"可见，不同的自然与人文地理条件，以及由此产生的功能需求的差异是造成人类群体不同民族性格和文化精神的重要因素。尤其是在一种文化开始形成的阶段，自然条件和地理因素、气候的影响发挥着塑造人文环境的功能，决定着一种文化的发展方向。

"智者乐水，仁者乐山。智者动，仁者静。智者乐，仁者寿。"（《雍也》二十三节）孔子的这段话，道出了古代中国和古代希腊文化精神基础不同的由来。

不同的地理地貌以及气候条件的差异，使各不相同的生产生活方式逐渐形成，并直接影响某一文化的发展走向，地理环境因素自然也就成为研究某种文化形态起源时必须考察的首要因素。基于此，我们把对中西文化所处的自然背景的考察作为文化探源的开端。

第二节　中华文化的源头

中国文化历史悠久、灿烂辉煌，在五光十色的人类文化中极富魅力。辽阔的地理疆域为中国文化提供了极其广大的生存扩展空间和一种足可以自成体系的文化生态环境，这构成了中国文化生长更新过程中必要的地理条件和资源禀赋。我们将中国文化称为中国传统文化，是因为它有上下五千年绵延不绝的历史轨迹和流续一贯的文化脉络，人们能够在有形的物质文化和无形的精神文化及其生活方式、风俗习惯等诸多表现上，切实地感受到深厚凝重的文化成果和高度稳定的文化结构。古巴比伦文化已成为明日黄花，古埃及文化和古印度文化也蒙上了厚厚的历史尘埃，唯有中华文化几千年来一脉相承，并在近百年来不断输入新鲜血液，继往开来，充实壮大，直至今日仍焕发着旺盛的生命力，成为世界上唯一没有中断过的文化。

考古成果证实，早在170万年以前，我们祖国的广阔疆域内就出现了人类活动的身影，这就是1965年5月在云南省发现的"元谋猿人"。

距今一万年到几千年，新石器时代开始，这标志着中国人开始迈入文明的门槛，中华文明史自此掀开了新的一页。这一时代的特点是由使用石器到发明制造陶器和铜器，由渔猎发展到农耕，由氏族分化出家庭，由公有财产分离出私有财产，由氏族社会进入阶级社会。以彩陶、几何印纹陶和农业的产生为标志的新石器文化遗址在北起黑龙江、内蒙古，南到广东、云南，西达新疆、西藏，东至浙江、山东半岛和台湾，几乎遍布整个中国版图的广大地区不断被发现和挖掘；仰韶文化、红山文化、马家窑文化、龙山文化、二里头文化、大汶口文化、青莲岗文化、河姆渡文化、良渚文化、三星堆文化……诸多文化遗址的发现表明，中华文明的发祥地不仅仅是黄河流域，我们也已不再囿于黄河是中华民族摇篮的一元发生论，中华文明的流向也不仅仅是由西向东，而是四面八方融合交汇、互相渗透、彼此影响，形成秦汉以来延续两千余年的大一统的多元性文化。

根据考古发现，专家们把古代中华文明的源头分成四大区域，可供我们参考。

（一）黄河流域文化区。已发现的原始文化有：距今八千年左右的"裴李岗"文化（河南省新郑县）；距今五六千年的"仰韶文化"（河南渑池县）；距今五千年左右的"大汶口文化"（山东省泰安市）；距今四千年到五千年间的"龙山文化"（山东省章丘市），"马家窑文化"（甘肃省临洮县），"齐家文化"（甘肃省政和县）；而"二里头文化"（河南省偃师县）的时代与夏代相吻合，专家认为极有可能就是夏文化。

（二）长江流域文化区。包括了江汉流域、太湖流域和巴蜀地区。在这一区域内，先后发现了"河姆渡文化"（浙江省余姚市），距今七千年左右；距今五六千年的"马家浜文化"（浙江省嘉兴市）；距今四五千年的"良渚文化"（浙江省余杭市）；距今三四千年的"屈家岭文化"（湖北省京山县）。

（三）珠江流域文化区。已发现多处原始文化遗址，其中"石峡遗址"（广东省韶关市）距今已有四五千年，其发现地正好在马坝人头骨附近，证明珠江流域是中华文明发祥地之一。

（四）北方和东北文化区。其代表性文化是近年来发现的"红山文化"（内蒙古赤峰市），年代约与仰韶文化中晚期相当，即五千年左右。因此，北方和东北地区的原始文化对中华文明的起源具有非常重要的意义。

这些林林总总、遍地火光般的历史遗迹说明，我们的祖先早在四五千年前的原始社会时期，就开始在这块幅员辽阔、腹地纵深的土地上，从东西南北中各个不同的区域进行着艰难的开拓，创造着文明的果实。辽阔的土地不仅为祖先提供了自给自足的生存条件，而且蕴藏着雄厚的发展潜能，使生活在这片土地上的人们能不断地自我调节和更新并且进退裕如。中华民族几千年历史上，虽多次遭外族入侵，终能保持文化的延续与完整，未曾像其他古老文明那样毁灭和中断，正是有赖于这不可多得的广阔内陆。

东亚大陆上这块华夏文明的诞生地虽然有着漫长的海岸线和两万余公里的陆上边界，但由于特殊的地理位置和地形条件，在很长一段时间内都处在与外部世界相对隔绝的孤立状态。这片土地上的先民们面向浩渺无际的太平洋却因为缺乏远洋航海技术和工具，只能望洋兴叹。那只意味着陆地的尽头,自然的无限。他们与海从未发生过积极的联系,海的那一面,只有浪漫幻想中遐不可及的蓬莱仙山;西南部是难以逾越的崇山峻岭和烟雾弥漫的热带原始森林,这使古代中国和东南亚地区的文化,尤其是与古老文明之邦印度之间的文化交往和传递十分艰难;西北边陲通往欧亚大陆却是黄沙漫漫,浩瀚无垠令人望而却步。先辈们开拓出的沟通中西的"丝绸之路",一度成为中西文化传播与交流的重要渠道,却终因路途漫长艰险,未能繁荣兴盛成为通衢大道;北方冰天雪地、寒冷荒凉,到处是原始荒蛮的景象。

总之,这是一块地理环境与印度、巴比伦和埃及这几个古老文明发祥地迥乎不同的文明沃土。长期与外界隔绝,使之形成了独立发展、与众不同的文化品格与文明成果。它自成一体,延绵不绝。但同时又自我封闭、盲目自大、自诩为世界中心和泱泱大国,而正是这种盲目自信、夜郎自大,才阻滞了华夏文明的不断进步和中国现代化进程的加速。

第三节　古代中国的社会结构和经济类型

生存环境决定了生产方式和与之相适应的经济模型与社会结构,这些构成了特定的文化形态,是文化传统的深层结构以及民族精神形成的重要基础。

概括一些文史学家的分析,中国人的远祖可分为三大集团,即"华夏集团""东夷集团""苗蛮集团"。华夏集团由黄帝和炎帝两大部落组成,主要活动于黄河流域;东夷集团的活动区域在今山东、河南和安徽一带;苗蛮集团主要活动在今湖北、湖南、江西一带。三大集团之间的活动地域互相交错，互为依傍又相互侵扰，他们在冲突和斗争中相互交融，逐步形成了今天的中华民族。

公元前5000年—前3000年，黄河流域和长江流域中下游地区的许多新石器时代的文化遗址，如仰韶文化和河姆渡文化等遗址，就已呈现出相当发达的定居农业生活面貌。

任何一个民族的最初道路主要是由客观环境所决定的。华夏民族生活在世界上最适合农业发展的长江黄河流域，这是比尼罗河流域、巴比伦两河流域、印度恒河流域大得多的世界上最大的"两河流域"。因此，中国人的祖先没有像世界大多数民族那样经历漫长的游牧、游耕或半游牧、半游耕时期后才进入定居农业生活，而是从最原始的"采集经济"逐步过渡到了定居农业生活。世界历史上大致有狩猎、游牧、农耕、商业、航海、工业这六种民族存在方式。农耕经济最为特殊，因为它基本是自给自足，自我封闭。它在亚洲东部广袤的黄土地上形成了延续两千多年稳定自足的农耕经济。

我们把考古发现的新石器时代以及其后的夏商周时期的村落——家族遗迹与古代文献描绘的情景结合起来，可以比较清楚地了解三四千年前中国人的生产和生活过程。

农业的产生是人类从蒙昧走向文明化的起步。以新石器时代的仰韶文化为开端，华夏民族便开始了在古老中华大地上的艰难跋涉。从氏族公社遗迹中，人们发现了石斧、石铲、骨锄、陶刀等最初的农具，以及残存的小米或粟的皮壳。中国南方开始了水稻的栽培，出现了猪、狗、马、牛等家畜的驯化和饲养。渔猎和采集也占有不可忽视的地位。可见，农业和畜牧业是那时华夏先民的主要谋生手段。《汉书·食货志》称："禹平洪水，定九州，制土田，各因所生远近，赋入贡棐。"《论语·宪问》说："禹稷躬稼而有天下。"我们的祖先从此便跨入了文明的门槛。

远古时期的神话传说中有大量的关于农业起源的描述, 得到人们景仰的神灵和祖先, 即非宙斯式的神力化身, 也不是阿伽门农、阿喀琉斯式的南征北伐的勇士, 而是制末耜教民农、和药济人的神农, 补天的女娲和治水的大禹, 构木为巢的有巢氏, 播百谷的后稷, 始作牛耕的叔均, 养蚕抽丝的嫘祖, 创制牛车的王亥等。

黄帝是我们最熟悉的先祖之一。《史记》所载历史, 便是从黄帝开始的。据记载, 黄帝和炎帝是兄弟, 两个部落有血缘关系。炎帝也称神农, 他教人制造农具, 播种五谷, 聚货交易, 各得其所。他还亲尝百草, 发明医药。他的主要活动范围是今天的湖南、湖北一带。全国著名的神农架林区, 据说就是神农采集草药的地方, 因山峰陡峭必须搭架而上, 故称神农架。炎帝主要活动在南方, 南方属火, 因此被后人尊为炎帝。而黄帝居轩辕之丘故号轩辕氏, 其活动范围主要在中原地带, 中央属土, 土呈黄色, 被尊为黄帝。相传他发明衣帽, 建造房屋, 制造车船弓箭, 其妻嫘祖发明养蚕。炎黄两帝联合, 打败北方的蚩尤部落。后来黄帝又与炎帝厮杀, 最终夺得统治华夏的大权。

炎黄两帝只是传说中华夏民族始祖中其中的两位。旧时有句话说:"自从盘古开天地, 三皇五帝到如今。"盘古是传说中开天辟地的英雄, 三皇五帝是春秋战国以后人们对远古部落首领的称呼。他们是否真正存在过, 无据可考。他们的名称和流传的故事, 反映了原始社会不同的发展阶段, 即中国原始先民从旧石器时代向新石器时代的转化过程。历代王朝所崇祀的三皇五帝是这样一个系列:伏羲、神农、黄帝为三皇; 少昊、颛顼、帝喾、尧、舜为五帝。"皇"的本义是"大", 而"帝"的本义是王的称号。

在历史文献中记载的这类部落首领很多, 有全称的远不止这八人。如：女娲、燧人、祝融等。之所以只讲三皇五帝，可能是儒家选择加工的结果。儒家以天、地、人为"三才"，故以"三皇"相配；以金、木、水、火、土为"五行"，故以"五帝"相合。正是由于儒家的大力推崇，从秦汉起，三皇五帝就被奉为神明，列入祀典，进行祭祀。

相传因治水"三过家门而不入"的大禹，据《史记》载，是尧的族弟，比同宗的舜生得晚，他奉舜之命治水有功，被封为"夏伯"，在今河南禹州市有一口"禹王锁蛟井"，相传禹治水至此，将蛟龙锁在井口，此后便无洪水。大禹死后，其子夏启继位，建立了中国历史上第一个奴隶制王朝——夏。

夏商周时期的统治者把土地划分为"私田"和"公田"两部分。大约全部土地的十分之九都是"私田"。但那并不是农民个体家庭的"私有田"，只是收获物归农民自己消费的"民用田"。"公田"的收获物则归代表"公家"（官府）的贵族支配。"私田"和"公田"的所有权都属于国王，即所谓"普天之下莫非王土，率土之滨莫非王臣"。学者们认为这是具有"亚细亚生产方式"特点的奴隶制社会，是一种天子—子民社会。天子要尽好"保民"的责任，否则，"天"就要撤销授予他的"天命"，作为"家庭成员"的臣民可以造反"诛暴君"。

农业作为早期华夏居民最基本的生存手段，是关系到国之存亡的命脉。随着生产工具和生产技术的进步，改造土壤、人工灌溉的发展，大规模水利工程的兴修，农业生产力水平不断提高，于是以农耕为基础的中华文化的主导特色和基本性质被确立下来。可以说，中华民族的文化渊源便是以农立国。

决定这种农业生产方式的根本因素，就是黄河长江流域的自然条件。这既决定了这块土地适合于早期农业开发（不像多雨地带那样草木过于繁茂，土壤过于黏重，很难在没有掌握铁器、耕畜等生产手段条件下进行真正的农业开发），又决定了这种农业开发只能通过大规模的集体协作方式才能实现。因为严重的自然灾害的威胁，个体劳动很难维持生存。孟子所说的"禹疏九河"，表明黄河、长江两大流域很早就在某种程度上联合在一个巨大的共同体之中。抗御自然灾害的共同需要，是促成这一联合的根本要素。于是，新石器时代以来，两大流域的经济和文化联系一直呈现出不断加强的趋势，而且在此基础上逐渐出现了具有中央权威的政权，各地方与中央之间的联系总是通过血缘联系或准血缘的结盟关系建立起来的。

大协作生产生活方式通过血缘和准血缘的社会网络来组织，连接整个网络的总枢纽就是天子。天子这个总枢纽同时就是整个共同体的中央政权。不过，到西周的时候，中央政权并没有在它的统辖范围内确立真正的中央集权政治。除了周王直辖地外，许多地方都是周王分封自己的叔伯、兄弟、子侄建立封国进行统治。那些封国彼此间相隔很远，其间往往隔着大片的蛮荒地带，居住着还没有进入定居农耕生活的部落，他们被称为蛮、夷、戎、狄，或被总称为夷。秦汉时期称为匈奴，以后又有鲜卑、突厥、女真、契丹、蒙古。这些部落中不少与中原民族有着共同祖先，有的在进入中原后即逐渐与华夏族融为一体。

中国西部和北部没有大片的耕地、坚固的城郭和长期稳定的定居地，到处是一片片"天苍苍，野茫茫，风吹草低见牛羊"的自然景观，先民以畜牧游猎为主要经济活动，以肉类乳酪为食，以毡帐为房，"随畜逐水草往来"是其主要生活方式。这种游牧文化塑造了游牧民族骁勇尚武，长于征战探索的习性以及开拓进取、粗犷强悍的民族性格。他们曾多次入主中原，但从未能改变过华夏文明的基本面貌，而是很快被相对先进的农耕文明所同化。所以游牧文化作为中华文化的一个侧面,并不能改变以农耕为基础的中华文化的主导特色和基本性质。

工商业文化作为农耕经济的补充在古代中国也曾有一定程度的发展。然而由于大陆民族的生存对农业的依赖,中国传统的价值观仍有明显的重农抑商的倾向。《汉书·文帝纪》中谈到"力田,为生之本也",《荀子·富国》则出现过"工商众则国贫",历朝君王大都推行抑商重农的治国策略。当时对外贸易的直接目的是为了政治需要,而不是谋求经济利益。如张骞出使西域,郑和下西洋;或为联络邻邦,抵御匈奴入侵;或为广播圣恩,传扬天朝威名。有意抑制手工业和商业发展的国策,致使中国经济长期保持自给自足的农业经济和内向型经济运行模式,难以形成工商业中心城市。

中华民族的农耕文明可以使其居民通过小规模的精耕细作达到生活的基本自足,自然不会有革新生产技术或改变生产组织的自觉要求。自然经济结构使得最基本的生产单位——家庭成为社会结构和国家体制中的一个最重要元素,人群结合方式主要以血缘为纽带,因此家族的地位被长期保留下来。此外,历代王朝都十分重视水利的兴修。忽视水利,王朝便面临灭亡的危险,这是为历次王朝兴衰所证明的规律。而水利灌溉系统的兴建、使用,大型水利公共工程的建设是绝对离不开大规模集体劳动的,一个强有力的权威政府在其中进行统一调度和控制,方能使得如此重大的工程得以顺利实施,这无疑为专制制度的滋生提供了肥沃的土壤。

在西方,由于很早就出现了相对集中的商品生产和经营,家庭作为独立生产单位的传统体制被打破,移民城邦也在不断建立,纯粹的血缘纽带被以地缘为基础的人群结合方式所取代,以城市为中心的城邦制度以及相应的民主政治结构逐渐创立起来,东西方两种不同的发展道路至此已基本形成。

可见，在中国占主导地位的传统文化建立在农业生产的基础之上，农耕经济的持续性造就了中国文化的延续性，保证了中华文明的延绵不绝和源远流长，虽历经王朝的兴衰更替和短期分裂的洗礼，却从未中断。但是在后期却显露出凝重的保守性格。

第四节　西方文化探源

中国文化和西方文化的产生显然有着不同的自然地理基础。古老的华夏大地幅员辽阔，腹地纵深，江河纵横，土地肥沃，物种繁多，有着丰富的自然资源和广阔的回旋天地，并且蕴藏着雄厚的发展潜能，为我们的祖先提供了自给自足的生存条件和进退裕如的生存空间；复杂的地形地貌、千姿百态的自然景观滋养了中华文化众彩纷呈的特色，为华夏多民族、多源流、多侧面的亚文化系统的形成创造了条件。占国土面积90%以上的温带区域（黑格尔称作"历史的真正舞台"）和气候湿润、雨量充沛的亚热带地区为农耕文明的发展提供了十分优厚的自然条件。西北部干旱的沙漠和数十亿亩的天然草场为北方的游牧文化提供了生长的环境，半封闭的边缘地形使中华文明沿着自己的方向独立发展，创造了与众不同的文化品格和灿烂夺目的文明成果，自成一体延续至今。但与此同时，曾经的自我封闭、因循守旧、盲目自大、平和知足的心态和性格，无疑在一定程度上阻滞了华夏文明的不断进步。

如果说中华文明之根深埋于一片为江河滋润的大陆，那么西方文化之源则诞生于大海蓝色的波涛之中。

一、西方文化产生的土壤

位于亚欧大陆西侧的欧洲, 西南北三面环海, 东面与亚洲接壤, 整个大陆轮廓恰似亚欧大陆向西伸出的一个巨大的半岛。其面积与中国相仿, 海岸线长达3.8万公里, 大陆的外缘是向海中伸出的大小不一的半岛及岛屿, 其面积占全欧洲总面积的34%。在这样一块海陆交错、港湾林立的大陆上, 海洋性气候十分显著。

海洋是欧洲自然环境中一个至关重要的因素, 古希腊罗马文明与大海有着千丝万缕的联系。古希腊思想家柏拉图说过:"我们希腊人在海边生活, 就像青蛙在池塘边生活一样。"

古希腊罗马文明的中心位于欧洲南部的地中海地区。从历史渊源上看, 西方文化最初的发源地可以追溯到位于爱琴海南端入口处的克里特岛, 它位于东地中海的中心位置, 与欧洲(希腊)、小亚细亚以及非洲(埃及)仅仅相隔一段极易航行的海上距离。《荷马史诗》这样描写克里特岛:"有一个地方名叫克里特, 在葡萄紫的海水中央, 是一个美好肥沃的地方, 四周为水环绕, 有数不清的居民, 九十个城镇, 不同语言的种族都杂居在一起……"而环抱克里特岛的爱琴海世界气候宜人, 风景秀丽, 无数岛屿如闪烁的宝石一般镶嵌在深蓝色的大海中。克里特人的航海出行方式较之陆地跋涉更加便捷、省力。密布的海岛为过往的船员提供了天然的停泊港湾, 克里特人生息繁衍于这种得天独厚的优越的海洋环境中。

古代希腊（公元前480年）

地中海区域

　　早在公元前2800年左右，铜和青铜制作法就传入了克里特。公元前2500年前后，在克里特岛中央的克诺索斯地区就出现了传说中的米诺斯文明。由于地理位置十分接近，所以从产生之初，米诺斯文明就与爱琴海沿岸地区保持着密切的文化联系，这种联系使得整个爱琴海世界在文化方面表现出一种普遍的相似性和同源性。因此文化学家通常将米诺斯文明以及其后出现的迈锡尼文明统称为爱琴海文明。

　　与优越的海洋条件相比，爱琴海世界的陆地环境十分恶劣：山谷和丘陵遍布各个岛屿，土地不适合耕作；降雨量不足，水源匮乏，无法满足大面积的灌溉需要，农作物仅限于耐干旱的品种，如橄榄，葡萄等；气候特点是冬季湿润，夏季干燥炎热，难以形成自给自足的农业经济。应当说，与东亚大陆千里沃野的流域相比，克里特陆地上的生存条件十分艰难。他们只好把目光投向大海，那里充满了神秘的动荡和诡谲的变幻。这种种潜藏的危险恰恰激发了人类征服大自然的欲望和勇气，提供了挑战自然的原动力。而这种挑战和应战的交互作用，正是文明创造的动因和源泉。

爱琴海的子孙不像江河流域的居民那样安土重迁、乐守田园，也不像游牧民族那样动荡不安、居无定所。他们只是凭借一叶扁舟在大海上随心所欲地凌波往来，享受大海所赋予的自由和机遇，也承受着各种隐伏的危险和祸患。他们首先以海上劫掠为生，而后又学会了将当地盛产的亚热带农作物产品（如橄榄油和葡萄酒等）运往小亚细亚、西亚和埃及，进行海上贸易和商业活动，换回本土所缺乏的金属、谷物和其他生活资料，这是爱琴海文明走向繁荣的起点。

灿烂辉煌的米诺斯文明是埃及、西亚、小亚细亚以及来自北方的游牧民族等多种文化相互交融、氤氲化生的结果。

米诺斯文明在公元前17世纪—前15世纪达到鼎盛时期，建立起势力范围广及爱琴海各岛和南希腊半岛的"米诺斯海上霸权"国家，并成功地融合了一些野蛮民族。但是到了公元前15世纪左右，一场突如其来的灾难使得灿烂的米诺斯文明迅速衰亡，克里特的许多居民几乎同时被焚烧殆尽，米诺斯文明如同其出现一样神奇地消失了。

在克里特岛的米诺斯文明衰落的同时，在希腊本土上出现了另一个新兴的文明形态——迈锡尼文明。

公元前16世纪前后，在希腊伯罗奔尼撒平原的东北角，来自北方的游牧民族——阿卡亚人建立了迈锡尼文明，它逐渐成为希腊大陆和爱琴海地区的文明中心。迈锡尼文明是北方印欧语系、希腊人的文化与爱琴海地区的米诺斯文明相融合的结果。迈锡尼文明虽然在文化上对米诺斯文明多有借鉴，但在文化成就上却比米诺斯文明大为逊色。考古学研究成果表明,米诺斯文明的物产精美,它所生产的陶器、金银制品、匕首等均深受地中海沿岸居民的欢迎;而迈锡尼人在墓葬、居室、城市防御等方面均无法与克里特人相比,但他们却以修建一种规模宏伟的巨石城堡和狮子门而著称,这在某种程度上反映了迈锡尼人防御外敌的需要和炫耀武力的心理。

西方文学史中迈锡尼文明的缔造者阿卡亚人所崇拜的是作为征服者的宙斯和奥林匹斯神族的诸神,如传说中阿卡亚英雄和国王们——阿伽门农、阿喀琉斯、奥德赛等。这些叱咤风云、勇往直前的旷世英雄成为荷马史诗的主人公,他们那血与火的征服活动正是阿卡亚人入侵米诺斯文明的写照。史诗中所描述的战争场面是对两种异质文化之间的尖锐冲突和融合过程的一种神话化的渲染,是对阿卡亚入侵者的丰功伟绩的夸张式的歌颂和缅怀。

公元前12世纪末期,居住于希腊半岛北部更为野蛮的多利亚人入侵希腊半岛,摧毁了迈锡尼文明,使整个希腊地区陷入了混乱状态,长达3个世纪之久的“黑暗时代”开始了。自此,辉煌瑰丽的文明湮灭在蛮族愚昧的习俗和暴戾的野性中,历史出现了倒退,退回到了氏族公社的时代。但米诺斯和迈锡尼文明所播撒的文明种子却在继之兴起的希腊、罗马文明中结出了丰硕的果实。

公元前8世纪,多利亚蛮族入侵的狂潮所造成的社会混乱逐渐平息,腓尼基字母文字的传入再度把希腊人带入了文明生活之中,文化得以复兴,希腊人走出了乙系线形文字的失传而坠入的“黑暗时代”,一个生机勃勃的城邦文明开始崛起。

希腊城邦大约于公元前8世纪开始形成。此时在希腊相互隔离的各地区都分别建立起卫城和城堡,不同氏族的居民向城市聚集,并建立起管理各部落共同事务的中央行政机关。希腊城邦的第一个特点是以独立的城市为中心，向周围的乡村辐射，因此多数城邦的经济都是以工商业为重点，或是迅速向工商业经济迈进。另一个特点是小国寡民的城邦规模。

希腊城邦文明可以分为三个阶段：

第一阶段为公元前8世纪—前6世纪，这一时期的特点是各城邦的海外殖民发展和城邦内部的政治变革。

第二阶段为公元前6世纪—前4世纪，这是希腊城邦文明的全盛时期，政治、经济、文化迅猛发展，一批伟大的思想家和艺术家如雨后春笋般涌现出来。

第三阶段始于公元前4世纪以后，这是希腊城邦文明的衰落阶段，城邦失去了独立地位，沦为马其顿王国的附庸。在经历了亚历山大帝国如同流星般一闪即逝的辉煌和希腊化时期的萎靡不振的时代之后，最终并入罗马帝国的政治版图之中。

在希腊的城邦中，斯巴达是其中举足轻重的强大一员。它是作为征服者而进入希腊伯罗奔尼撒地区的多利亚人所建立的。他们在政治体制和社会生活上极端保守顽固，生活方式艰苦朴素，追求荣誉是他们唯一的永恒的欲望。对荣誉的异常珍视和对法律的绝对服从，纪律严明的集体生活，艰苦卓绝的体魄训练，军事化的行为规范，残酷无情的优生学原则等，这一切使得斯巴达成为希腊所有城邦中最强大的盟主，拥有超强的战斗力。因此，政治方面的保守、文化方面的粗鄙丝毫未能影响其最终战胜雅典人而成为全希腊的霸主。

希腊城邦之间的海上贸易

从事艺术活动的雅典人

雅典的风格与斯巴达形成鲜明的对照，它的民主政治制度和辉煌文化一直是后世西方人的楷模。公元5世纪，雅典成为希腊的政治、经济和文化中心，苏格拉底、希罗多德、修昔底德、埃斯库罗斯、索福克勒斯、欧里庇得斯、阿里斯托芬、菲狄亚斯等，这些至今令人振聋发聩的名字都是西方文化史中令人景仰的名人。斯巴达的保守愚昧、简朴无华正可以反衬出雅典的文明开放甚至浮华奢靡、高雅华美的生活格调。严酷的法律和艰苦的磨炼造就了斯巴达人坚韧勇敢的意志和集体主义精神；对自由的向往和对光明的热爱则培育了雅典人独立自主的个性品质。

弥漫于雅典的自由精神和宽容气氛，使得精美绝伦的艺术品和才华横溢的文化巨擘荟萃此地。它的人民有着优雅的品位和海纳百川、兼收并蓄的宽广胸怀，尽管它那徒有其表的民主制具有浓厚的贵族色彩，并不值得称赞，但雅典创造出的璀璨夺目的文化成果，产生出的伟大艺术家、思想家，使得希腊成为文明程度最高、经济最发达的城邦。

在雅典最伟大的政治家伯利克里执政期间，其民主制如日中天，一系列有利因素使得雅典转变为一个帝国的政治中心。参加同盟的各城邦沦为雅典的各个行省。公元前449年，其势力范围已大大扩展，财富源源不断地流入雅典。它由一个独立的城邦蜕变为一个帝国，但与斯巴达的伯罗奔尼撒战争却使雅典帝国最终土崩瓦解。

罗马帝国的历史开端并不像希腊和东方国家那样有古老的文明源流，它征服了希腊、埃及、小亚细亚和西亚的许多文明古国，但在文化方面却被希腊人和其他民族视为粗野的蛮夷之邦。希腊文化是绚丽多彩的、感性和精美的，罗马文化对美和神却采取无所谓的态度，是单调乏味的，充满了功利和粗鄙的特点。这种鲜明的反差使得罗马人在文雅和教养方面远远逊色于希腊人，但他们却以一种气势雄浑的英雄主义品格激励着后世西方人的情怀。拉丁语单词gladiator（角斗士）是从 gladius 一词（意指"剑"）演变来的。大多数角斗士是罗马帝国各地的战犯、奴隶或囚犯，如果他们当中有人勇气可嘉，就有可能活下来。罗马的圆形竞技场就是古罗马公民观看你死我活的打斗的场所。罗马人重视勇士的品质，重视力量与勇气，这造就了伟大的罗马军队。一部罗马史充满了慷慨悲壮的英雄气概。为了国家利益和个人名誉，不惜牺牲生命，这是罗马英雄主义的灵魂。这种英雄主义的精神感召对于近代西方历史也产生了深远的影响。

进行军事训练的斯巴达儿童

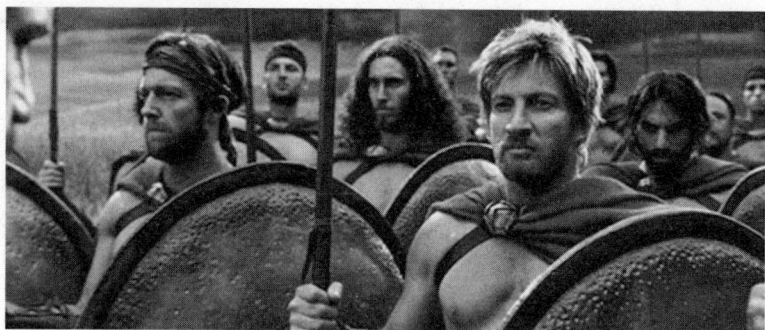

斯巴达勇士

　　躁动不安、追权逐利的欲望刺激了罗马的高速发展。随着罗马越来越强大，贫富差距便不可避免地产生并不断加大。罗马帝国的晚期，英雄主义蜕化，淫逸萎靡、腐化堕落之风侵蚀了罗马英雄主义的肌体，内部纷争和北方蛮荒部落日耳曼人的入侵、瘟疫灾害的侵扰使罗马帝国再也不具有那种激动人心的雄浑悲壮，在各种天灾人祸的冲击之下，罗马帝国不可避免地衰亡了。

二、古代西方社会的生产生活方式

　　西方文化也是以新石器时期的畜牧、农耕和定居为发端的。考古研究证明，大约公元前6500年，在希腊半岛的帖撒利亚平原和爱琴海的克里特岛的人们便开始了谷物栽培、动物驯养和定居。公元前3000年，欧洲文明的发祥地克里特岛和基克拉迪群岛的居民就完成了从新石器时代到金属时代的过渡。此时的克里特岛，平原的面积虽然有限，但水源充足，土地肥沃，气候温和，大麦、小麦、大豆、豌豆、橄榄、葡萄和柑橘是这里主要的农作物和经济作物。铜器和彩绘陶器开始广泛使用，人们开始了羊、牛、猪等家畜的饲养。到公元前

2000年的米诺斯文明时期，克里特岛上出现了大批的城镇和大规模的宫殿建筑，建筑内有华丽的壁画和浮雕作为装饰，还安装了完善的给水和排水系统以及设备先进的浴室和厕所，别墅、商馆、剧场也随处可见。所有这些遗迹，无不向人们展示着一个高度繁荣的城市文明。

然而，有限的平原和多山的地形特点，使克里特岛和希腊半岛的农业难以满足不断繁衍的人口的生存需求，人们不得不将目光转向变幻莫测、充满神秘和挑战的大海，到海上，到大海的彼岸去寻找生活资源。于是海洋渔业、向海外的迁移与征服成为人们主要的生存途径。

随着青铜时代手工业的发展和航海技术的进步，克里特岛逐步发展成一个以发达的城市经济为中心的工商业国家，商业和航海成为这个岛国的经济支柱。对外贸易、经济开拓必然带来文化的开放。克里特和迈锡尼文明创造的经济模型和播撒的文明种子结出了丰硕的果实，继之兴起的希腊—罗马文明将这种经济社会模式扩散到欧洲大陆中西部的广大地区和不列颠群岛，这便是近代西方工商业文明崛起的坚实基础。

三、西方文化的形成与发展

与中华民族的农耕文明大相异趣的是西方国家的工商业文明。以个体的商业活动为经济基础的西方文化，始终把"力"与"利"看作是健康的价值，它鼓励人们积极地追求现实功利，并在平等的基础上开展竞争，努力获取个人的最大利益和幸福。要在竞争中成功，就必须击败对手，这就既需要有实力做后盾，还应当有敢于拼搏的冒险精神，由此便形成了西方人崇力好斗、勇于开拓的民族性格和文化精神。

与中国文化的封闭保守相反,西方文化的开放精神,首先表现在它总是将目标投向世界,善于从不同的异质文化中汲取精神养料。早在希腊文明产生之初,它便从地中海沿岸及西亚地区的先进文明中吸收了大量营养,从而促进了自身文化的繁荣和发展。

除了早期的斯巴达外,希腊各城邦的经济大都是以手工业和商业活动为中心的外向型经济,这些城邦与古代地中海文化圈内的埃及美索不达米雅地区以及小亚细亚乃至更远的波斯都有着十分密切的商业往来。在经济交流过程中,希腊也积极学习和引进他们的技术与精神文化成就。古代埃及的天文、几何学、医学、建筑、雕塑以及纸草、制陶、玻璃制造等技术,巴比伦的天文、数学和法律,腓尼基的造船术和航海术,印度的代数学和医学等众多优秀文化成果都曾对希腊科学与文化的成熟和进步产生过影响。到了罗马时期,罗马人不仅全面吸收了希腊的文化成果,还接受了源于希伯来文化的基督教,使它成为西方人的信仰中心。在与邻国不断进行文化交流的同时,他们也向东方寻找智慧之光。中国的印刷术和罗盘成为推动近代西方文艺复兴和资本主义海上殖民发展的重要工具。正是这种开放的、相互影响的文化环境,使西方民族一开始便形成了兼容并蓄的心胸和海纳百川的气度。

西方文化的开放性不仅表现为主动向内涵纳吸收,更表现为积极向外开拓进攻上。这种开拓首先是开发农业生产基地和商品贸易市场,其次是对外的扩张征服与殖民活动,再次是文化的传播与输出。

罗马帝国时期,原来小规模的移民变成了大范围的开拓疆土的征服与兼并。文艺复兴之后,文化渗透与殖民扩张的触角已遍及世界各主要大陆，其中最具历史意义的是对新大陆的征服与开发。西方进行文化输出的方式除了与贸易活动和武力征服相伴随外，还常借助探险、旅游和传教等途径。由于航海业的发达和外向好动的民族性格，西方人从希腊时代便形成了喜爱旅行的传统，以后又发展为鲁滨逊式的探险活动。那些为强烈的好奇心或宗教信念所驱使的文化传播者，在把欧洲人的理想与成绩带向四面八方的同时，也通过著书撰文向自己的本土提供世界各地区文化信息，从而大大推动了西方文化的新陈代谢。

求变务新的创造进取精神是西方文化开放性的又一体现。它总是不安于现状，不满足已有的财富与成就，而是将目光投向未来，期待着事物在流动中日新月异的发展，努力创造着明天的新太阳，这与中国文化崇尚守常的观念形成了鲜明的对照。

然而，我们也不应忽视西方精神的局限性。锐意求新、勇于开拓固然有助于文化的更新与发展，但正像马克思所指出的那样，它无法形成新的固定关系和稳定价值，从而使许多新的文化创造难以发展到成熟完美的境界。然而，像中国封建文化那样一味注重保持自身的稳定形象，以致背上因袭的重负而裹足不前，则更不可取。因此，中西两种文化都不是目标和归宿，它们都只是世界文化中的"一元"，都各有其长短。世界文化的健康发展必须建立在求同存异和取长补短的基础之上，只有如此，人类文化才能走向生机勃勃，呈现出更加顽强的生命力和积极向上的发展趋势。

第三章　中西方宗教文化对比

　　宗教一词源于拉丁文 religare。religare意为"联系"，故 "宗教"之意，是指人与神的一种关系。所谓"神"，是某种被神化了的超自然力量，如基督教的上帝，伊斯兰教的真主，佛教中的佛陀、菩萨等。宗教最主要的特征之一，是人对某种超自然力量的盲目信仰和崇拜，相信现实世界之外存在着超自然的神秘力量或实体，统摄万物而具有绝对权威，主宰自然进化，决定人世命运，并从中引申出信仰认知及仪式活动。

　　宗教是人类历史上一种古老而又普遍的文化现象。作为一种社会意识形态，宗教在人类文化历史上一直占有十分重要的地位。如果没有宗教意识和行为的出现，人类就会永远沉沦于野蛮生活而无所谓文化。如果说，不懂得基督教就很难对西方文化有一个全面的了解，那么，要研究中国传统文化，就不能不考察中国古代宗教。宗教作为文化的基本要素，全面影响着中西方政治、经济、哲学、艺术、道德、习俗等。基督教之于传统欧洲的内在影响，犹如儒家学说和老庄思想以及佛教理念之于东方文化精神的塑造。

第一节　中国古代宗教

一、原始宗教

在中国的原始宗教中，华夏子孙最早发生的是自然崇拜、祖先崇拜和鬼神崇拜。信天、祭祖、拜鬼神构成了中国原始宗教的主要内容。

中国人对自己生活于其间的自然环境，对生长万物的大地顶礼膜拜。华夏祖先很早就有祭天、崇天德、感天恩的传统，除此而外，华夏先民还崇拜日、月、星、辰、山、川、河、岳以及某些动物和植物。

鬼神崇拜的根源在于祖先崇拜和灵魂不死的认识，认为人死后的幽灵仍参与活人的生活，或赐福于人，或作祟于人。鬼神崇拜的目的是让鬼神保佑活人的幸福平安，家族兴旺。

图腾崇拜、生殖崇拜与祖先崇拜体现了人对自身生命奥秘的思考与认识。

上古先民认为人是某种动物的后代，并把该动物作为自己氏族部落的徽章和标志，这就是图腾。本氏族部落人对该动物的崇拜，就叫图腾崇拜。华夏子孙通常自诩为"龙的传人"，就表现了古代的中国人以龙为自己的图腾物。世界其他民族在远古时代也无不有自己的图腾和图腾崇拜。

祖先崇拜是对"有功于民的先人"的崇拜。远古时代的华夏民族认为，人类世世代代繁衍生息，后人生命的获得和发展壮大，全靠祖宗开拓之功，所谓"祖有功，宗有德"，吃水不忘挖井人，后人自然要崇拜敬仰祖先功德,也希望祖先的灵魂能荫庇自己的子孙后代。

远古宗教在中国古代哲学、文学、艺术等方面都打下了深刻的印痕。

二、道教

宗教作为社会生活的一种反映,它的发展与社会的发展常常是相对应的。随着中国古代由原始社会向阶级社会过渡,中国古代宗教也渐渐由自然宗教向人为宗教过渡。如果说,以上所说的自然神崇拜和祖先崇拜多为原始的自然宗教,那么,秦汉以后出现的道教则是一种比较成熟、系统的人为宗教。道教是由对道家哲学的信仰演变而来的,它将道家哲学的创始人老子奉为大宗师,将道家哲学的核心范畴——道作为宗教的教义。

从历史渊源上来看,道教由古代的鬼魂崇拜发展而来,再掺杂了秦汉时期的神仙信仰和黄老道术而成。其思想渊源有三:

(一)中国古代的鬼魂崇拜。

(二)战国以来的神仙方术。

(三)秦汉时期的黄老道。

东汉时期,道教发展成为一个有组织的独立宗教。东汉顺帝年间(公元126—144年)沛国丰(今江苏丰县)人张陵学道于鹤鸣山,依据《太平经》创作道书二十余篇,自称出于太上老君的口授,并依据巴蜀地区少数民族的民间信仰,创立了道派。因入道需交纳五斗米,故称"五斗米道"。张陵后来被道徒尊称为"天师",因而又叫天师道。此派教人悔过奉道,以符水咒语治病。

中国道教源远流长,派别繁多。除天师道以外,后又发展了太平道,丹鼎一系(提倡药物养生,服食金丹),南天师道,北天师道,正一道(崇拜鬼神注重符箓,驱鬼降魔,祈福禳灾),全真派(提倡儒释道三教合一,注重识心见性的内修真功,反对符箓,排斥咒求)。道教的发展历时长久,派系林立,教义处于不断变革之中。但总的来看,其信仰上的一个基本点却没有变,即"道"。

"道"系由被道教奉为经典的《老子》五千文而来。道教着重从宗教的角度去理解和阐释老子所讲的"道",把它说成是宇宙万物之本质,同时又是"灵而有性"的"神异之物"。它无所不在,包容一切,又生成一切,是抽象无比的创世物。老子《道德经》中说:"道生一,一生二,二生三,三生万物。"道教由此衍生成"洪元,浑元,太初"宇宙形成的三个时期,并将之予以人格化,才有了三清尊神——元始天尊、灵宝天尊、道德天尊。道教信奉的最高神是"三清尊神",道教不但赋予"道"以形体,而且相信他时常君临人间,参与人世的生活。

道教的最终目标是"得道成仙"。得道,意指"德言得者,谓得于道果"。中国古代传说中的八仙,都是凡人经过各种修炼,最终成仙的楷模,他们不但灵魂与道合一,而且肉身永存,长生不老。

如何修炼才能得道果、成神仙呢? 不同的派别有不同的修养方法。丹鼎派、全真道认为通过内修、炼养,便可达到长生久视之目的。而符箓派、正一道则认为符箓咒语,驱鬼降魔可以除灾祛病,祈福延年。而具体的修行办法,则有一系列的道功道术。道功指修性养神的内养功夫,如清净、寡欲、息虑、坐忘、守一、抱朴、养性、存思等。道术指修命固本的具体方法,如吐纳、导引、服气、胎息、辟谷、神丹、药耳服食、符箓斋醮等。

道教在地上人间追求的思想境界是"人人无贵贱,皆天之所生也""高者抑之,下者举之,有余者损之,不足者补之"的平等社会。

而其乐生、重生、真术的特点，使其在全世界所有的宗教中别具一格。道教的真经为《老子》，道家著作如《庄子》等也被引入道教其他经典。道教自产生以后，在古代中国产生了重大影响，以至于成为了我国古代一部分人的精神主宰或灵魂范式。正如林语堂先生所讲："道教总是与遁世绝俗，幽陷山林，崇尚田园生活，修身养性，抛开一切俗念联系在一起，因此产生了最具中国特色的迷人的中国文化、田园生活理想、田园艺术以及文学。"当道教与儒、释二教合流之后，便被上层知识分子及多数人所接受，从而渗透到中国古代传统文化创造之中了。

值得一提的是，为实现长生久视、得道成仙的最终目标，道徒们采用服食丹药的修行方法。为了制作丹药，道徒们写了很多炼造仙丹的书，做了很多炼丹实验。正是这些炼丹理论实践，翻开了中国古代化学史重要的一页。

道教炼丹家往往兼攻医学和药物学。如隋唐之际著名的道士孙思邈精于医药，著有《备急千金方》三十卷、《千金翼方》三十卷，对于药物之制作方法、疾病的诊断、治疗和预防等都有详细记载，对于今天的药物学和中医治疗仍有积极的借鉴意义。

道教对中国古代医学的影响，还表现在气功方面，气功的源头之一就是道教的守一、存思、服气、内丹等修养方法。

道教的成仙思想和仙界构想，刺激了作家和艺术家们的想象力，丰富了文学创作中的浪漫主义色彩。林语堂先生在他的《中国人》一书中曾引用了一首脍炙人口的小诗来说明道家情感在文学中的体现："松下问童子，言师采药去，只在此山中，云深不知处。"诗仙李白自号谪仙人，写了不少与道教有关的诗作，且信道虔诚，颇具仙风道骨："五岳寻仙不辞远，一生好入名山游。"同时，《封神演义》、《西游记》以及民间广泛流传的"八仙故事"等，都直接以道教神仙活动为题材。

直至当代，道家的人生观不仅造就了中国作家风流倜傥的独立人格，而且也熔铸了中国文字自然隽永的艺术风范。道教对于中国古代民俗的影响尤其广泛而深刻。许多道教神仙如玉皇大帝、王母娘娘、文昌帝君、关圣地君、门神、灶君、桃符、钟馗等在民间都有普遍信仰，给人们的文化心理带来了深刻的影响。

道教的名胜遍布中国，有著名的楼观台、太清宫、上清宫、白云观、永乐宫道观；有华山、泰山、青城山、茅山、罗浮山、武当山、崂山等道教名山，天下名山几乎都被道教列为神仙修炼居住的洞天福地。

总之，道教基本是处于原始宗教和人为宗教之间的一种宗教，它有正规的教义、修习的方式和较为固定的礼拜场所，但缺乏终极追求，功利性最强而道德超越性最弱。

三、佛教

与道教是一种土生土长的宗教不同，佛教是一种外来的宗教。作为世界三大宗教之一的佛教，产生于公元前6世纪—前5世纪的古印度，创始人是乔达摩·悉达多，释迦牟尼是佛教徒对他的尊称，他又被称为"佛"或"佛陀"，意为"觉悟者"或"觉悟真理的智者"。在我国，佛教又被称"释教"，和尚又被称"释子"。

据传释迦牟尼是古印度迦毗罗卫国净饭王的太子，生于公元前565年，卒于公元前485年农历4月8日，与孔子所处时代大致相当。他亲眼目睹了生老病死等各种人间苦难，因此毅然出家，在一棵菩提树下冥坐沉思49天，终于悟出一个"真理"，即世间万物都是由因缘和合而成。既然如此，人们对于一切事物不应该苦苦追求，刻意寻找，因此便可免去尘世烦恼。悟到这个真理后，释迦牟尼便大彻大悟，尽除烦恼，修成正果了。

悟道成佛之后，释迦牟尼就开始收徒传法。其根本思想可用四个字加以概括，即"苦集灭道"，被佛教称为"四谛"或"四圣谛"，即佛教的最基本的道理或真理。所谓"苦"就是"人生皆苦"，苦海无边，回头是岸，这里所说的"岸"即佛教所说的"涅槃"，或者"入天"，即四谛中的第三谛——灭。"集"之本意是"招聚"或"集合"，意谓"招致苦难的原因"。原始佛教认为造成人生痛苦的最根本原因是"烦恼"，而烦恼之最大者即是"贪、嗔、痴""三毒"或称三大根本烦恼，此外还有慢、疑等诸多烦恼。因烦恼而迷于事，迷于理，此即为惑，有了"烦恼惑障"，遂使身、口、意做不善之业，故有三界轮回之苦。弄清了造成痛苦的原因之后，就要掌握摆脱痛苦的方法，此即是"道谛"。佛教认为，只要依照佛法修行，就能走出生死苦海，到涅槃彼岸，进入一种"常乐我净"的境界。

原始佛教的修行方法有很多，最主要的是"八正道"。"八正道"及其他佛法的内核是以人生为苦，苦在人有七情六欲。佛教教人灭人欲，六根清净，以使真智开蒙。通过修行，正已，来解除人间的苦难，与梵合一，超度到西方极乐世界。

释迦牟尼悟道

从基本理论和主张来划分，佛教有"小乘佛教"和"大乘佛教"之分。前者注重个人解脱，后者强调慈悲普度。后来，小乘佛教流行于东南亚各国，被称作"南传佛教"。大乘佛教流行于中国、朝鲜、日本等，被称作"北传佛教"。

根据史料推断，佛教于两汉之间即公元1世纪左右传入中国。受中国社会历史条件的影响，自东渐之日起，它就逐渐走上了中国化的道路。佛教中国化之后，便成为中国古代文化的一个重要组成部分。它的哲学思想和艺术形式与中国的传统文化相结合，进一步丰富了中国文化的内容和形式。

佛教哲学的基本点就是否认客观现实世界的存在而设想出一个与现实世界相对应的"西方极乐世界"。佛教各派都从不同角度，用不同证据来论证客观世界的虚幻性和主观世界的绝对性，属于唯心主义的思想体系。禅宗师祖唐代慧能诗云："菩提本无树，明镜亦非台。本来无一物，何处惹尘埃？"禅宗所主张的"佛向性中作，莫向身外求"，是进一步否定了佛教所设想的西方极乐世界，承认主观精神世界的绝对存在，将佛教的客观唯心主义转化为主观唯心主义。儒释道三教互相涵摄，并行不悖。宋代以来的唯心主义思想几乎都从佛教哲学中吸取营养。可以说，汉唐以后的中国哲学史，根本就离不开佛教思想史，而且成为中国哲学史的重要组成部分。

从文学艺术上看，自魏晋始，佛学的出世意识影响了一大批文人士大夫重山水、轻仕途的审美情致。禅宗宣扬心中求佛，使文学界形成一种清淡悠远的艺术流派。他们在美学上追求"韵外之致，言外之意"。作家、诗人们在其世界观和创作实践上都不同程度地受佛教思想的影响，如白居易、苏轼等。唐宋以后，"以禅论诗"成为时尚，讲究诗歌创作要"物象超然""意境空蒙"，认为"说禅作诗，本无差别"。宋代张汝勤在诗中吟道："学诗如学禅，所贵在观妙。肺肝剧雕镂，乃自凿七窍。冥心游象外，何物可供眺。空山散云雾，仰日避初照。旷观宇宙间，璀璨同辉耀。但以此语悟，而自足诗料。持以向观空，无心但一笑。"中国古代诗书辞画都讲求境界，而诗人的境界与佛教的"禅机"多有相通之处。如汤显祖所说，诗乎，机与禅言通，以若有若无为美。诗画之道与佛理禅趣遥相契合，息息相关。佛教对中国古代艺术的影响可以从绘画和雕塑上体现出来。中国的石窟艺术、宗教壁画都是古印度佛教艺术的继承和发展。如新疆境内的千佛洞，中原地区各大寺庙的八大金刚和五百罗汉像，吴道子的宗教壁画都堪称世界艺术瑰宝。

正如林语堂先生在《中国人》中所说的那样："佛教作为一种哲学，也作为一种宗教征服了中国。哲学为文人学士们受用，宗教为普通人受用。"佛教是唯一由外国人传入而又成为中国人生活的重要组成部分的宗教，它不但刺激了我们的文学和意象世界，而且千百年来，各阶层的人们为了信佛、拜佛、敬佛和护佛的需要，花费大量资财，人工建造了无数的石窟、佛像、佛塔和佛寺，形成了天下"名山僧占多"的局面。

四、儒学与儒教

中国古代的学术文化，史籍中有"儒、释、道"三教之称。佛、道为宗教已无异议，至于"儒教"一说是否恰当，则见仁见智，学术界对此至今莫衷一是。

儒家创始人孔子，姓孔名丘，出生于公元前551年的鲁国（今山东省南部曲阜市）。孔子家世贫寒，在鲁国任职，50岁时已升到高位。由于政局混乱，被迫退职出走，此后13年间，他周游列国，期望有机会实现他的政治抱负和社会改革理想，却四处碰壁。他是中国历史上创立私学的第一人，其思想见于其言论集《论语》。在回答宇宙始源的问题上，孔子曰："天何言哉？四时行焉，百物生焉，天何言哉！"天创造了万事万物，而不言其功，是天之德的表现。既然万物变化有天命主宰，孔子主张聪明人应知命，顺天命，达到所谓"天人合一"的境界，这也是当时智慧的中国人所追求的最高精神境界。

除天、天命的意识之外，人与人之间的关系又是孔子哲学的又一领域，他由天——有创造万物之功却不言功，推出人德——仁。仁者爱人，"己所不欲，勿施于人"，这是古代人道主义的开端。同时，仁又是差等之爱，承认等级差别，讲究君君，臣臣，父父，子子，弄清各自的身份地位、责任、义务，以便决定行为准则。

"中庸"是由"仁"的意识派生出来的一个小范畴，讲为人处世的尺度，具有方法论的意义。中庸指人的言行应符合礼的尺度，不偏不倚。反对"过"与"不及"。

"礼"是一种典章制度，是中庸之道所奉行的具体原则。在礼与欲之间，孔子主张"克己复礼"。

孔子在世功方面也注重人的努力，所谓"天行健，君子自强不息"。即天尚且生生不息地运动变化着，何况活生生的人呢，怎么可以无所作为呢？但孔子的"知其不可为而为之"，并不是说为了成功不顾一切过分追求，而是说，即使成事在天，人也要服从生命力的要求努力去做应该做的事。儒家将成功看作衡量人生价值的尺度，这种人生价值观对中国一代又一代知识分子产生了重大影响。

孟子继承了孔子的思想，他对孔子的"仁"的意识进一步发挥，主张事亲以"仁"，即孝。与"仁"一脉相承，又提出"义"的命题，事君以义即忠。经孟子发挥，总结为"父子有亲，君臣有义，夫妇有别，长幼有序，朋友有信"。忠孝意识是对孔子"礼"的思想的完善和补充，是对仁的意识的发扬光大，由此形成了孔孟完整的伦理道德观念，成为支撑两千多年中国古代文化的核心基石。

儒家有传统儒家和"新儒家"之分，但二者有一个共同点，即都具有强烈的入世精神。

孔子曾大声疾呼："苟有用我者，期月而可，三年有成。"（《论语·子路》)其用世之心, 济世之情, 溢于言表。而孟子的一句名言——"穷则独善其身, 达则兼济天下", 更成为中国士大夫的座右铭和行为准则。汉代董仲舒强调: "圣人之为天下者, 兴利也。"到了宋明, 理学家们更是提倡"正心, 诚意, 修身, 齐家, 治国, 平天下"的思想。明清之际, 一大批儒学思想家则明确提出了"天下兴亡, 匹夫有责"的响亮口号。

儒学发展的主线便是志存天下, 积极入世。最能体现这种"忧患意识"的便是宋代范仲淹在《岳阳楼记》中留下的千古名句: "先天下之忧而忧, 后天下之乐而乐。"

作为中国文化精神的主流, 儒家思想一直将"天道""天命"作为最高范畴去理解, 认为"天"是政治思想和人伦道德之本原, 认为人的"善性""善端"是一种先天的禀赋。因此, 宗教式的主观内省成为儒家的一种重要的修行方法。例如, 孔子在《论语》中提出"吾日三省吾身", 《孟子·尽心上》也说: "反身而诚, 乐莫大焉。"

儒家修行方法的宗教色彩还表现在"慎独"的修行理论中。所谓"慎独"即在只身独处、无人知晓时, 也必须十分谨慎地使自己的行为符合道德准则, 因为天地鬼神是洞察幽微的, "头上三尺有神灵", 因此君子应该"慎乎其所不睹""慎乎其所不闻"。

"寡欲"也是儒家的一种基本修行方法, "养心莫善于寡欲"《孟子·尽心下》, "寡欲以至于无", 只有如此, 才能诚立明通, 成王作圣。这种由"寡欲"而"无欲"的主张, 更带有浓厚的宗教禁欲主义色彩。

基于以上分析, 可以得出这样的结论: 儒教的说法是比喻性而非实质性的, 它的宗教性较弱, 不具备典型的宗教形态, 没有具体的神灵, 没有具体的教规, 没有专职的神职人员等, 这些都不符合宗教的基本特征。

儒学虽不等同于宗教，却与宗教具有某些共性，即道德教化和节制欲望等类似宗教的社会功能。

正是因为儒学在中国长期占有主导地位，才使中国未曾出现过其他国家和民族大都有过的宗教全面统治的时代。儒家作为一种文化体系，它的影响几乎遍及所有的意识形态，熔铸到中国人的生活习俗和思想感情中，渗透进中国人的骨髓和血液里，对中国的文化模式和国民心态的形成和影响极为深远。

魏晋南北朝之后，儒、道、佛三教不断融合，儒家大量吸收了佛道二教的有关思维方法和思想内容，宋明理学家则建立起一个溶三教于一炉的新儒学。

由于儒学的思想体系特别符合中国古代封建统治者的需要，最终成为中国古代文化的正统和主流，是中国封建社会得以长期维系的思想文化基础，它的作用近乎于基督教在西方社会中的地位和作用。

五、三教合一

三教合一是中国古代宗教不同于西方宗教的一个非常重要的文化特征。

中国古代文化中一直存在着一种"和合"的精神，这种精神产生于西周，也是儒家文化的一个重要原则。在这种和合精神的熏陶和规范之下，中国古代宗教在发展历程中形成了独特的宽容精神，这种宽容精神最终表现为儒、释、道的三教合一，在历史上表现为既互相斗争又互相融合的过程。至明清时期，形成了以儒为主，佛道为辅的局面，三教趋于合一。儒学中，特别是宋明理学中有大量的佛、道思想。作为外来宗教的佛教在日益中国化的过程中，也从"导民向善"出发，愿意奉儒教思想为正统，并提倡三教合一。儒、佛、道三教的教理经过长期的冲突、交流、融合，彼此之间求同存异，兼收并蓄，自然天成地将中国宗教推向了更高境界。统治阶级也从巩固自己的统治出发，认识到使用以儒为主，道、佛为辅的方式处理好三教的关系，有助于加强对社会的控制强度和能力。

中国的士大夫阶层中将三教合一而混合信仰的人很多，普通百姓的心理则更加错杂，糅合了三教意识，以至于形成了教别模糊，偶像并列，法事混同的民间的多神信仰。中国传统的以自给自足为本的小农经济造成中国人讲究现实利益的文化心态，所以宗教信仰也谋求对现实的生产活动和生存现状直接的救助作用。中国人崇尚多神信仰，处处有神，事事有神，形成了泛神伦的多元信仰，使得中国人对待宗教信仰缺乏真正意义上的超越精神与终极关怀。因此在对待宗教和神灵的态度上也缺少西方文化中那种固执一端的宗派意识，信仰实践本身在民间变得相当功利，于是也就有了民间"平时不烧香，临时抱佛脚"的说法。中国的宗教崇拜异常丰富，有源自儒家传统的三皇、五帝、尧、舜、禹及祖先崇拜，对天、地的崇拜，对社稷的崇拜，甚至于龙凤崇拜；道教则有三清、四御、八仙、九天玄女和盘古真人等神仙崇拜；佛教之三世佛、四大菩萨、八大金刚或天王在中国民间也大有市场。总之，在中国民间的信仰习俗中，三教的界限已非常模糊，不同宗教的各路神仙为广大民众同时膜拜。所谓"见庙烧香，见神磕头"。

从历史上看，中国从原始宗教的产生到道教的形成，再加上佛教、伊斯兰教、基督教等先后传入，都不曾达到统治全民意志的程度，没有形成所谓的国教。实际情况是多教并存，多神崇拜。教与教之间互相吸引，彼此相通，你中有我，我中有你。

中国人的宗教态度归纳起来有以下三个特征：

（一）信众人数稀少。

（二）信仰的功利性强。

（三）缺乏坚定性和超越性。可以说，中国人在信仰理念上，有很强的原始宗教的特征。

第二节　基督教信仰与宗教思想

一、基督教的产生

现代西方人通常把古希腊罗马文化通称为古典文化，而把自己所处的文化称为基督教文化。正如儒家文化是中国文化的主流一样，基督教文化是西方文化的正源。在西罗马帝国灭亡后的近千年时间里，基督教作为一种唯一的和绝对的意识形态，对于塑造西方文化的基本特征起到了难以估量的重要作用，对于现代西方文化的影响远远超过了古典文化的影响。这种历史作用并没有因为近代的一系列文化改革运动——文艺复兴、宗教改革和启蒙运动而结束，而是继续作为一种潜在的力量持续影响着今天的西方文化。现代西方社会的许多典章制度、节庆习俗、礼仪规范、思想信念，无不与基督教有着密切的渊源关系，可以说，没有基督教就没有现代西方文化。

基督教是指以信奉耶稣为救世主的宗教，包括天主教、新教和东正教三大教派，是当今世界上信仰人数最多、影响最大的宗教之一。到本世纪初，全世界基督教徒的总数已达21.8亿，其中天主教徒10亿，新教徒8亿，东正教徒3.8亿，总人数居世界宗教之首，已接近世界人口的三分之一。高高耸立的基督教堂遍布世界各大洲，形式各异的基督教活动几乎每天都在进行。在世界政治经济生活中，基督教会、教皇与信徒的影响远非其他势力集团所能比拟，基督教的经典《圣经》是世界上被译成外国语言最多的图书，达到1000余种。

关于基督教的历史渊源，罗素曾如此描述：基督教的来源有三个，它的圣教历史来自犹太教，其神学和哲学观念来自希腊的柏拉图主义，它的政府组织形式和教会法间接地来自于罗马。在学术界，关于基督教的文化渊源，素来有所谓"两希"传统之说，即认为基督教与希腊文化和希伯来文化有着直接的文化传承关系，具体地说希腊的唯心主义哲学为基督教提供了一套形而上学的神学思想，而希伯来人的犹太教则为基督教准备了一个历史背景（圣教历史）和精神氛围（罪孽意识与救世福音）。

犹太人的祖先希伯来人于公元前14世纪上半叶入侵巴勒斯坦，与当地的迦南人逐渐融合，形成以农耕为主的以色列部落。公元前13世纪末，埃及法老梅尼普塔征服了巴勒斯坦，将大批以色列人作为奴隶掳到埃及，从而产生了以色列英雄摩西率领以色列人逃出埃及的传说。来到西奈半岛，以色列人开始建立犹太教。到公元前9世纪前后犹太教正式创立。

犹太教信奉至高无上创造天地万物的神，而后犹太人经由义人诺亚、祖先亚伯拉罕以及犹太的第一个先知摩西与神订立契约，所以犹太教的经典《圣经》又被称为《旧约全书》

以色列人经历了漫长的苦难历程，自然而然会产生出浓厚的不幸意识，并将民族的苦难归咎于祖先和族人对上帝的不虔诚。

耶稣受难

刻在石板上的《摩西十诫》

虽然犹太人坚信自己是上帝唯一的选民, 但他们却认为只有在受尽磨难, 洗尽罪孽后, 耶和华才会降福于他们。"宗教是被压迫生灵的叹息"(马克思)。犹太民族既然在现实世界中得不到幸福和安宁, 就只能到宗教中寻找安慰了。

摩西引导犹太人逃出埃及之后, 在西奈半岛与上帝立约, 定下十条诫命和许多律例, 这些律法成为犹太人生活的基本准则。

犹太人之所以有如此之深的罪孽意识, 是缘于其祖先对上帝的不忠不敬。上帝创世之初, 曾许诺犹太人的祖先亚伯拉罕子孙繁荣昌盛, 上帝对他说: "你向天观看, 数算众星, 能数得过来吗?……你的后裔将要如此。"亚伯拉罕虔信上帝, 他的子孙中也有很多像他一样的"义人", 因此上帝拣选犹太人作自己的选民。然而亚伯拉罕也有许多不肖子孙, 他们忤逆上帝的意愿, 招致上帝的愤怒。因此上帝必使犹太人遭一番磨难, 然后才会领他们去往那"美好宽阔、流淌着奶与蜜"之地。

《旧约》中所记载的犹太人的圣教历史是一部充满了罪孽意识的苦难史, 祖先和族人对上帝的不敬始终像梦魇一样笼罩在犹太人头上。这种罪恶感是对苦难现实的一种心理安慰, 也是对德行的最大鼓励。这种不幸和罪孽意识, 构成了犹太教和基督教之间最重要的思想联系, 成为犹太教和基督教的精神基础。

公元前334年, 犹太人被亚历山大王所征服, 而后又被埃及的托勒密王朝所统治, 最后, 成为罗马帝国的一个组成部分, 但犹太教不但没有灭绝, 反而影响日益扩大。

从公元前4世纪开始, 希腊理性(包括政治领域中的民主制度, 思想领域中的理性精神及尊重科学的观念)与犹太教相遇, 两者开始了互动与互补, 紧密结合。在罗马人的统治下, 犹太教的一个分支发展出基督教,并逐渐成为西方文化的核心。同时,基督教也浸染了古代希腊的人文主义、理性精神,使自己与时代步伐协调,齐头并进。

这种新的普世性的宗教即是希腊文明和希伯来文明的结晶。希伯来文明将犹太教传统中的救赎理论带给基督教,希腊文明,尤其是肇始于柏拉图的唯理主义传统,给早期的基督教神学准备了丰富的素材。

我们今天所采用的公元纪元,亦称基督纪元,即是以耶稣的出生作为元年计算的。《圣经》是基督教的经典。因为对《圣经》的不同解释和理解在历史上形成了三支主要宗派,即天主教,又称罗马公教;东正教,又称希腊正教;新教,又称基督教。三派的基本宗教观念是一致的。

二、基督教的理论体系

(一)一神论的上帝观。基督教认为统治宇宙万物的只有唯一的神(或称上帝、天主)是天地的主宰、万物唯一的造物主。《圣经》说:"我是耶和华,在我以外并没有神,我造光又造暗,我施平安,又降灾祸,造作这一切的是我耶和华。"

基督教宣称,唯一的神——上帝是一位全能的神,它"无所不知,无所不能,无所不在,全善、全智、全爱"。敬畏驯服者必得福,违背者必遭祸。"你们要赞美耶和华,甚喜爱他命令的,这人便有福"。谁要是不喜爱耶和华的律法,就必在"苦难中灭绝"。

一神论是基督教为确立崇高地位的政治策略和舆论宣传。

(二)三位一体。基督教宣称,上帝是由圣父、圣子、圣灵组成的"三位一体"。上帝是圣父,是"天地全能的创造者";耶稣是上帝的独子,也是上帝的"道";道通过童贞女玛丽亚(圣母)感受圣灵,并受胎而成为肉身,神采取人的形象,在人间传播福音,并通过自我牺牲,拯救世人。所以,圣父、圣子、圣灵虽然是三位,却是同一本体,称为三位一体。

三位一体说是基督教努力摆脱建立在一个神话基础上的教义的先天不足,从而穿上一件带有理性逻辑色彩的外衣的做法。

(三)原罪说。《旧约·创世纪》里说,上帝创造了世上万物,并按自己的形象用泥土造人,将生气吸入他的鼻孔,他就成了有灵魂的活人,名叫亚当。上帝在亚当熟睡后从其身上抽出一根肋骨,造了一个女人——夏娃,并把他俩安置在伊甸园,吩咐他们不可吃无花果树上的果实,即智慧果。但他们却在蛇的教唆下偷吃了果实,从此人类就有了智慧,但也犯下了罪恶。亚当和夏娃是恶的始作俑者,这个罪过就被称为原罪。因此,基督教认为人生下来就是罪人,所以该永受惩罚。

原罪说实则为禁欲主义提供了理论依据。上帝为拯救人类的原罪,派了自己的独子耶稣上了十字架,耶稣在十字架上以痛苦之死来赎罪,因此人类应该信仰上帝禁绝私欲,以便死后升入天堂。

原罪说是基督教最重要的理论支柱之一,也为天堂地狱说准备了理论条件,这撑起了整个基督教教义的大厦。

(四)天堂地狱说。作为一种宗教,基督教必然提出它的"彼岸"——来世学说,即许诺或警告。许诺善良、忍让、勤劳度过一生的人一个美好的未来世界;警告那些奸诈贪婪、凶残、虚伪之徒,等待他们的将是一个恶毒恐怖的世界——地狱。并且,为了加强这种说教的力量,基督教指出现实世界也是一个苦难的世界,只有相信救世主耶稣,忍耐顺从才能使灵魂得救。信在今生,是在来时,这是基督教信仰的基本观念。

（五）鼓吹容忍顺服。同"来世说"有关的，是关于今生怎样度过的"今世说"，即一套容忍退让、逆来顺受的主张，唯有如此才有希望获得天堂的入场券。基督教把这种理论发挥到相当彻底的地步，"要爱你的仇敌""凡事要欢欢喜喜地忍耐宽容"。《旧约》中的"十诫"比较集中地反映了这一点：（1）除耶和华之外不可信别的神；（2）不可造、拜偶像；（3）不可妄称耶和华的名字；（4）当守安息日为圣日；（5）当孝敬父母；（6）不可杀人；（7）不可奸淫；（8）不可偷盗；（9）不可作假见证；（10）不可贪恋他人财物。

三、基督教的组织和宗教礼仪

西方文化的三个重要组成部分是希腊思想、基督教与近代科学，这三者是三位一体的。

基督教在长期历史发展中，主要分为三个大的派别，每个派别之下又分为无数个小的教派。

（一）天主教（Catholicism）是罗马公教的汉译，亦可音译为"加特力教"，因其以罗马为中心，故称为罗马公教。天主教完全由教皇控制，以保持基督教的神圣性和纯洁性为己任。它以罗马法律为依据，信奉天主（即上帝）和基督耶稣，奉玛丽亚为圣母。天主教主要分布在西欧国家、匈牙利和波兰，以及北美和拉丁美洲国家。

（二）东正教（Orthodox）亦即东方正教，也称正教。1054年东西方教会分裂后，以君士坦丁堡为中心的东方教会称为"正教"，表明代表正统的教义，由于位于东方，故称"东正教"。因其处于希腊语地区，宗教仪式使用希腊语，以希腊哲学为宗教依据，故又称"希腊正教"。中世纪时，拜占庭将东正教定为国教，所以又称"拜占庭教会"。16世纪后期，莫斯科天主教脱离君士坦丁堡，在俄国形成以斯拉夫语为主的俄罗斯正教。东正教主要分布于希腊和东欧国家。

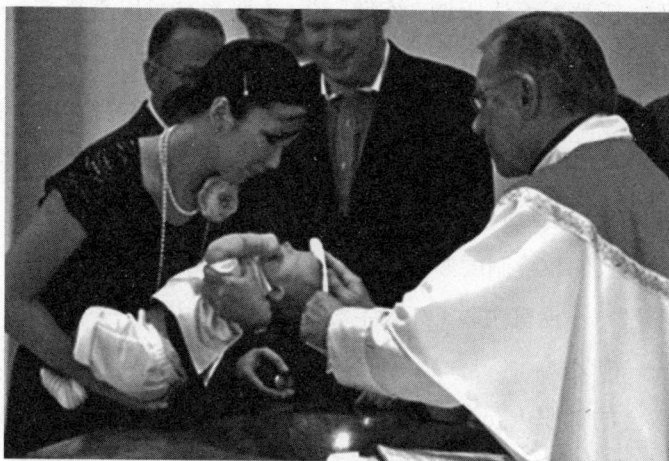

天主教的洗礼仪式

东正教宗教仪式

（三）新教（Protestantism），Protestant德文意为异议者，也称抗

议者。新教一般指16世纪欧洲宗教改革运动中脱离传统教会的各种新教派。新教不承认所谓"炼狱"说,主张教徒可以直接与上帝接触,不必通过教士,要求宗教制度多样化。

天主教会的教皇(Pope)是教会的统治者,是基督在世上的代表,是天主教的领袖,通过选举产生,但任职终生。红衣主教团是教皇咨询机构,教皇通过红衣主教团领导教会。

天主教的教阶制度如下:

教皇——枢机主教(红衣主教)——首席主教——大主教——主教——神父。

教会的神职人员分为两种:(1)教士(priest),管理不同规模的教区,拯救灵魂,指导精神生活。(2)修士(monk),修女(nun/sister),以修行为主,不指导他人。

基督教的宗教礼仪是1215年罗马教廷统一规定的,包括7大圣礼:洗礼、坚信礼、婚礼、圣餐礼、忏悔礼、终敷礼和授圣职礼。所有教徒每年至少向神父忏悔一次,至少要做一次弥撒,所有礼仪统称"圣事"。

第三节 中西方宗教对比

从以上对中西方宗教的梳理和总结中,可以看出中西方宗教的分途主要表现在两种文化对待宗教的态度上。

中国文化对待宗教秉持一种人本的价值尺度,对现世生活无比热爱;西方文化则表现出了对彼岸世界的向往,是以神为本的。这种分途产生于人类从原始信仰走向文明宗教的进程中。

公元前800年—前200年,在世界范围内集中出现了一些十分不寻常的事件：中国的诸子百家出现了，印度人迎来了佛陀，希腊贤哲如云，荷马、赫拉克利特和柏拉图、阿基米德相继登上历史舞台。自那以后，人类宗教生活中没有发生类似的具有新的意义的事情，这个时代就是德国哲学家卡尔雅斯贝尔斯在描述世界历史时提出的"轴心时代"。在西方，诸神开始隐退，上帝由此出现，原始宗教变成了人文宗教，人们开始寻求超越自身的有限。在东方，思想开始繁荣，理性精神成熟，一种人文的实践的理性将人们反思的对象转向了人自身。到了西周，神本观念明显衰落，《礼记》概括周文化的特点是"事鬼敬神而远之"。人们有了更加完备的系统祭祀鬼神，但在社会实践中它不再处于中心地位，人们的注意力转向了现实的人伦政治，而非超越现实人生的彼岸。入世的人道和价值取向成为人生的主题，中国的宗教信仰让位于儒家思想，成为圣王王道的附庸。儒家思想虽不具备典型的宗教形态，却发挥了宗教的功能。

然而在西方，基督教神权主宰着人的精神生活，"哲学沦为神学的婢女"。

基督教认为人的存在是有限的罪性的，人类的自救和自我解脱是不可能的，这和儒家的"内圣外王"观背道而驰。只有上帝方能拯救俗世的灵魂，尘世的超越来自于聆听冥冥天国的福音，来自于体验。

中国的宗教和西方以及西亚诸国不同，从原始宗教产生，道教形成，佛教、伊斯兰教等先后传入，一直没有出现过一种宗教成为整个民族意识形态的局面，即没有形成所谓的国教，而是诸教并存，多神崇拜，互相吸收，彼此融通，你中有我，我中有你。不论何种宗教，不论来自异国何方，来到中国后，很快便附着上中国特色，呈现出中国面目。在这一方面，佛教尤其明显。这说明中国文化有一种强大的融合能力和宽容精神。历代的封建统治者几乎都允许各种宗教的传播和存在，条件是不危及其"天子"地位。中国的普通老百姓最讲究实际利益，不管是释迦牟尼，还是玉皇大帝、耶稣基督，只要能救苦救难，降福祛灾，无论哪个神灵，都要顶礼膜拜。

梁漱溟在其《中西文化要义》中说过："几乎没有宗教的人生，为中国文化一大特色。"其实，中国文化不是没有宗教，而是缺少宗教性。和西方宗教的内涵进行比较，我们会发现，在宗教心理上，中西方存在巨大差异。

基督教教义和西方人的信仰态度、方式同中国文化的宗教信仰及伦理道德大有不同，各自具有其发达完备的系统。

首先，基督教信仰的对象——上帝是高高在上并外在于人心；中国人却认为，无论道德还是信仰，人之善行的根源在于人的内心。内在的标准完全依赖自己的感觉，因而不必担心外在的终极审判，只要对得起自己的良心就是良善的正义行为。两者相比，基督教具有强烈的悲观色彩，中国人的信仰当中包含了太多的乐观成分。基督教的他律性更强，信仰过程便是将他律性转化为内心的自律。中国的道德伦理是自律性更强的，凭借个人修为成就高尚的人生是我们的道德理想和最高人生境界。一旦自律无效，才转而求助于他律，因而在精神上无法完全成为忠实的信徒。精神世界的冲突来自于自律的虚弱和他律的匮乏。

梁漱溟先生认为，本土化的佛教更具有人文精神，这种人文精神就是我们常说的"世俗性"。主要体现在以下三个方面：

（一）崇拜的对象没有基督教那样威严而崇高，而是具有宽松随意的人间气息，这也从一个侧面反映出中国文化精神中的宽容特性，因而像西方那样的宗教战争便无从谈起。信徒在信仰上从不拘泥较真，对偶像并非望之俨然，对教义并不是以一种凛然不可侵犯的态度去全力维护。

（二）信众凭着一种朴素的愿望去理解、接受，并非像基督徒那样以一种充满理论性、思辨性和经院哲学的态度坚守信仰。基督教的深层精神是向人的满足安逸发起挑战，是蔑视世俗性的。中国人的宗教精神恰好顺应了人性中趋利避害的本能，从教规中尽量剔除那些难以恪守的成分，甚至可以达到去除一切内外规则的地步，强调内心的灵机一动或善念闪现。在这一点上可以举一个我们极为熟知的例子：一个佛教徒极其想吃酒肉，而这与教规显然相违背，但是如果他自认为自己是心存向善，就可以给自己找出一个冠冕堂皇的借口：酒肉穿肠过，佛祖心中留。这说明佛祖还是可以通融的。

（三）佛教和道教都具有对人的现实生活的更多关怀，而非将关怀放在彼岸或者来世，而这恰恰是宗教的核心要素和理论基点。基督教甚至有鼓励人今世受苦的倾向，人必须受苦（上十字架），死后才能进入天国。佛教虽有轮回之说，但是却以一种信不信由你的宽容态度，对信众施以随意而为的松弛约束。

第四章　中西方文学对比

第一节　中国古代文学概况

文学和艺术是文化发展的产物，它们是文化的重要组成部分，文学艺术构成了文化并创生与繁荣着文化。数千年来，我国古代文学与艺术以其独特的方式再现或表现着自然、社会与人生。迄今为止，中国文学的精粹依然在灌溉、滋养着中华民族数以亿计的心灵，深刻而且生动地体现着中国文化的基本精神、中华民族的理想信念和美学追求。

一、中国古代文学的发展状况

中国古代文学是世界上历史最为悠久的文学之一，经历了长达3000余年没有中断的发展历程，以其辉煌的成就而成为全人类文化遗产中的瑰宝，是中国文化体系中最灿烂、最具活力的一个部分，是历久弥新、咀嚼不尽的精华。

中国古代文学不但在思想和形式的密切融合中，表现出自己独特的个性和精神风采，而且以连绵不绝和高潮迭起著称于世。正如前人所说，中国古代文学"一代有一代之所胜"。在3000余年的历史长河里，由瑰丽奇特的上古神话为其开端，连接诗经、楚辞、诸子散文，而后汉赋、魏晋诗文、唐诗、宋词、元曲、明清小说，可谓此起彼伏，此隐彼现，不断创造出与时代风貌相契合的文学奇观。

　　杰出的文学作品都具有永久的魅力。中国古代文学由于存在着"一代有一代之所胜"的特殊情况，所以当一种文学形式在某个时代达到巅峰状态后，其艺术成就便很难被后人所超越，从而成为后代作家永久性的艺术典范和后代读者恒久的审美对象。唐诗宋词中的名篇佳句至今脍炙人口；元杂剧、明清小说中的故事、人物愈来愈显其魅力。它们的审美功能和认识功能，随时代发展愈见其价值，以至于直至今日，它已成为沟通现代人与传统文化的最直接桥梁，以及在其他文化背景下人们了解中国传统文化的最佳窗口。

　　（一）诗词曲赋。

　　诗歌是中国古代文学长河的主流。

　　诗歌作为最古老的一种文学形式，孕育并承载了各民族历史最初的辉煌和记忆。中国历来被称为诗歌的国度，具有深厚的诗歌传统。在漫长的文化发展过程中，诗歌如同璀璨的宝石镶嵌在我们的文化记忆里。数千年来，诗歌以其优美动听的语言韵律、优雅简洁的形式特点成为教化启蒙和文化传承的重要手段，对民族文化传统的承继、发展以及民族精神的弘扬具有巨大的价值和深远的意义。

　　我国古代第一部诗歌总集《诗经》脱胎于原始歌谣。先秦时代称为"诗"或"诗三百"，孔子曾经对其做过整理。汉武帝时"诗"被尊为经典，定名为"诗经"，它是古代劳动人民口耳相传逐步成诵而创造出的文明成果。自西周初年至春秋中叶（公元前11世纪—前6世纪）500多年期间，相继产生的诗歌作品共305篇，收录在《诗经》中，分为"风、雅、颂"三部分。形式上以四言为主，章法上有重章叠句、反复咏叹的特点，艺术表现以"赋、比、兴"方法著称。它奠定了我国诗歌乃至文学的现实主义创作传统，从各个角度展示和反映了五六百年间广阔的社会生活，在整体上体现了"饥者歌其食，劳者歌其事"的写实倾向，诗人们的目光对准了国与民的命运，对民生疾苦等社会现象尤为关切。它以丰富的内涵和深刻的思想性为我们描绘了一幅无比生动的社会历史画卷，是我国文学艺术的重要源头。

《诗经》第一篇《关雎》是从古至今深受人们喜爱、并为人反复吟咏的名篇佳句：

关 雎

关关雎鸠，在河之洲。窈窕淑女，君子好逑。
参差荇菜，左右流之。窈窕淑女，寤寐求之。
求之不得，寤寐思服。优哉游哉，辗转反侧。
参差荇菜，左右采之。窈窕淑女，琴瑟友之。
参差荇菜，左右芼之。窈窕淑女，钟鼓乐之。

译文：
雎鸠应和相鸣唱，在那黄河小岛上。
美丽善良的姑娘，让我朝思暮也想。
荇菜有高又有低，左挑右选忙采摘。
美丽善良的姑娘，一心在梦里求娶。
求娶心思未实现，日夜把她勤思念。
思愁绵绵把忧添，翻来覆去难入眠。
荇菜高低一颗颗，左挑右选忙采取。
美丽善良的姑娘，弹琴奏瑟相亲热。
荇菜高低一颗颗，左挑右选忙采摘。
美丽善良的姑娘，敲钟打鼓相取悦。

继《诗经》之后，一种新的诗体——楚辞在战国时期的楚国发展起来，它是楚地宗教、哲学、民俗、音乐、语言等文化艺术相结合的产物。《楚辞》突破了《诗经》以四言为主的局限，大量运用比喻、象征等手法，文采华美，想象奇特，洋溢着奇异的浪漫主义精神。楚辞的主要作者屈原创作的《离骚》"发愤以抒情"，长达2400多字。在诗中，屈原叙述了自己的世系、天赋、修养及抱负，回顾了自己辅佐楚怀王革除弊政的作为及受谗言陷害被流放的过程，表明了自己坚决不与邪恶势力同流合污的决心。在诗中，他总结了历史上国家兴衰的经验教训，阐明了"举贤授能"的政治主张，以神游天地、上下求索的幻想境界表达自己对理想的执著追求，并因苦闷而求神问卜、寻求出路，最终决心以死殉志的心路历程。整首诗篇中的奇特想象和瑰丽语言产生了巨大的艺术魅力，闪耀着诗人伟大的人格光辉和南方楚文化的奇丽色彩。

《诗经》和《楚辞》合称"风骚"，是中国古代诗歌的两大源头。

"乐府诗"是汉代兴起的新诗体，发扬了《诗经》的现实主义精神，是古代叙事诗成熟的标志。它以五言、杂言为体式，表达了更加丰富的思想内容，因而更具有语言上的美感。

"赋"是汉代文学之盛，它兼有散文和韵文的性质。武帝时期的大赋主要为帝王歌功颂德，代表作家是司马相如。汉赋呈现了中华民族对自身力量的高度自信，对自己所创造的物质文明和精神文明的高度肯定，体现了大一统帝国崭新的文化意识和审美观念。它讲究文采，铺陈描写，积极乐观，气度恢宏，是坚韧乐观的民族性格和自强不息的时代精神的完整体现。

此外，汉末以曹操父子和"建安七子"为代表的建安诗歌继承了汉乐府的创作传统，在对偶、炼字、声韵上进行了成功的探索，以慷慨悲凉，刚健遒劲的风格著称于世。东晋末年，玄言诗泛滥，陶渊明超越流俗开创了田园诗风，展示了诗歌创作上一种自然平淡的审美走向。

南北朝时期，谢灵运首开山水诗创作之风，诗人鲍照为后世七言诗的发展开辟了道路。

唐诗是中国诗歌创作的最高峰，是诗史上的鼎盛期，篇什丰富，名家辈出，流传至今的有55000多首，经历了初唐、盛唐、中唐、晚唐四个发展阶段，其中以盛唐、中唐的诗歌在诗坛上最为光辉夺目。

初唐是诗歌繁荣的准备期，号称四杰的王勃、杨炯、卢照邻、骆宾王登上诗坛，发展了七言歌行。

盛唐的诗作尤其繁丰。以王维、孟浩然为代表的山水田园诗派和以高适、岑参为代表的边塞诗交相辉映。创造盛唐气象的最杰出代表首推李白。"诗仙"李白以深刻的思想、丰富的情感和多元的人生追求、惊人的天才，融会和超越了前人的艺术造诣。浪漫的诗风蕴含深刻的现实主义思想，充满对人生的热爱。笑傲王侯、桀骜不驯的人格品质，为其艺术成就增添了奇异的光彩。与李白齐名的伟大诗人杜甫则以清醒的洞察力和积极入世的精神，深刻而全面地反映现实生活，对"朱门酒肉臭，路有冻死骨"的黑暗现实，进行了入木三分的揭露和批判，被后人誉为"诗史"。其忧患意识和仁爱精神是儒家思想核心精神的艺术体现，也是中华民族文化性格的凸显。在艺术风格上，李白诗歌飘逸奔放，杜甫诗歌沉郁顿挫，但两者均具有丰富而深刻的内涵，对后代诗歌的审美取向产生了深远的影响。

中唐诗坛百花齐放，流派林立。白居易等人语言通俗流畅、风格平易近人，正视现实，抨击黑暗；韩愈、贾岛等诗人刻画平凡、琐屑乃至苦涩的生活和雄奇险怪的景象，诗风或幽艳或怪诞或独特；李贺异军突起，其诗作表现了强烈的生命意识。

晚唐诗人在为帝国唱出的挽歌中平添了凄美和伤感。李商隐和杜牧发扬了李白、杜甫的传统，但缺乏"李杜"的气度和魄力。皮日休等人抨击政治黑暗，反映民生疾苦，为中唐新乐府诗提供了后劲。

唐诗为中华民族的传统文化贡献了如此美丽的瑰宝，永远值得炎黄子孙骄傲。

宋代的词是古代诗歌史上堪与唐诗交相辉映的艺术形式。宋词可划分为婉约词派和豪放词派两大流派。北宋词坛几乎是婉约词一统天下，到了中期，苏轼突破了词为"艳科"的藩篱，用词去表现诗的传统题材，摆脱了音乐歌词的娱乐功能，开创了豪放词风，将词引向了健康、广阔的道路。南北宋之交的李清照以清新和缜密的艺术风格丰富了婉约词的词风，融入家仇国恨，内容凄美哀怨。南宋时期，保家卫国的民族精神汇成了文学思潮中的爱国主义，辛弃疾创造出了一种全新的融豪放、婉约为一体的"稼轩风"。宋词注重心曲的倾吐，长于抒情，关注社会现实，委婉含蓄，低回往复，是宋代词人心灵深处的沉吟。

明清时期，随着小说、戏剧等叙事文学的繁荣，诗词创作退居次席。

（二）传统散文。在我国传统文学观念中，与诗词并列为文学正宗的还有散文。

散文之祖《尚书》是由史官记录汇集政府文告等历史文献的汇编，略能叙事、记言，初具文学特质。

春秋战国时期是散文创作的辉煌时期，除历史散文外，诸子散文成为主流。诸子散文的发展可分为三个时期：第一个时期是春秋末年到战国时期，此时散文主要是语录体，代表作是《论语》。第二个时期是战国中叶，散文已由语录体向对话体、论辩体过渡，代表作是《孟子》、《庄子》。第三个时期是战国后期，散文发展为专题论著，代表作是《荀子》、《韩非子》等。

《论语》主要记载了孔子及其弟子的言行，言词简约而意旨丰厚，说理论事富于哲理和抒情意味。《孟子》、《庄子》内容大多为论辩之辞。孟子善于雄辩，词锋犀利，观点鲜明，感情激越，气势磅礴，有很强的逻辑说服力和艺术感染力。《庄子》已开始摆脱语录体，以寓言说理，将思辨与形象融为一体，具有变幻奇诡、汪洋恣肆的风格特征。尤其是《逍遥游》一篇，想象奇特，笔力酣畅，描写生动传神，语言恢宏瑰奇，对后世的浪漫主义文学产生了深远的影响。

汉代最伟大的散文家当属司马迁，《史记》的散文成就堪称中国文学史上的一座丰碑；魏晋南北朝时，曹操开一代新风，文如其人；诸葛亮的前后《出师表》论述与抒情水乳交融，感人肺腑；王羲之的《兰亭集序》写得文辞瑰丽，情融山水；陶渊明的《桃花源记》淡泊自然，情感真挚。以上两人是骈体文的代表作家。骈体文的流行造就了创作中的形式主义。到了中唐，韩愈、柳宗元掀起以复古为口号的"古文运动"，提倡"文以载道"，反对空洞无物和矫揉造作。韩愈的《师说》、柳宗元的《捕蛇者说》等作品无可争辩地确立了他们在文学史上的崇高地位，成为"文以载道"的典范。

宋代欧阳修在古文运动逐渐衰微的情况下，举起第二次"古文运动"的旗帜，并以他的道德文章彪炳当世，成为宋代文坛领袖；王安石、苏洵、苏轼、苏辙、曾巩等都以绝妙散文名垂古今；范仲淹《岳阳楼记》中的千古名句"先天下之忧而忧，后天下之乐而乐"，周敦颐《爱莲说》中"出淤泥而不染，濯清涟而不妖"，或抒发情怀，或托物言志, 均成为后世君子的道德追求和人格期许。

元代散文呈寂寥之势。明代归有光的《项脊轩志》, 物中寻情, 凄楚动人, 成就斐然。明代先后出现唐宋派和建安派, 后者主张独抒性灵, 个性解放。清中叶, 文坛出现了古代文学史上规模最大的散文流派——桐城派, 旨在维护封建正统观念, 思想守正。及至清代晚期, 中国文坛受到资产阶级改良主义的思想影响, 强烈的战斗性给读者心灵注入了改良的动力和思想的活力。龚自珍《病梅馆记》表达了作者改变病态局面的决心, 梁启超的《少年中国说》、康有为的《强学会序》均纵论天下, 宣扬改良, 激励人心, 影响深远。

（三）古代小说。古代小说以先秦的神话发端, 后吸收史传文学和散文寓言的创作经验, 至魏晋时代初具模型。刘义庆的《世说新语》是"志人"的代表作, 另一类"志怪"主要讲述神话故事和民间传说。到了唐代, 传奇类小说有了较高的艺术性, 想象丰富、情节曲折、结构完整、文辞华丽。宋元话本接近于市民文学, 是中国长篇小说的先驱。

明代冯梦龙的"三言"（《喻世明言》、《警世通言》、《醒世恒言》）, 凌蒙初的"二拍"（《初刻拍案惊奇》、《二刻拍案惊奇》）均受宋元话本影响, 以通俗见长。长篇章回体小说、历史演义、英雄传奇、神魔小说、世情小说等纷纷出现, 古典小说进入兴盛繁荣时期。被称为明代的"四大奇书"的《三国演义》、《水浒传》、《西游记》、《金瓶梅》均达到了亘古未有的高度。

到了清代, 小说进入了发展的巅峰。蒲松龄的《聊斋志异》、吴敬梓的《儒林外史》, 特别是曹雪芹的《红楼梦》把中国文学推向了最高峰。《红楼梦》内容博大精深, 涉及几乎全部中国传统文化, 显示了作者对社会生活巨大的概括力和精确的表现力, 堪称"18世纪中国社会的一面镜子""世界文坛上的一座丰碑""封建社会的百科全书"。

二、中国古代文学的文化特征

（一）关注现实的理性精神。与西方文学相比，中国古代文学具有特别鲜明的文学色彩和理性精神。即使是在上古神话中，先民们所崇拜的也不是希腊、罗马诸神那样的天上神灵，而是有神奇力量并建立了丰功伟绩的人间英雄。例如在"女娲补天""后羿射日""大禹治水"三则最著名的古代神话中，其神格就是崇高、伟大人格的升华；其主要事迹是除暴安良、发明创造，是人类早期生产活动的艺术夸张。这些神话人物一直被看作是真实的历史人物在神话传说中的投影。

在整个中国古代文学中，无论是抒情文学还是叙事文学，作家总是把目光对准人间而不是天国，他们关注的是现实世界中的悲欢离合，而不是属于彼岸的天堂地狱。宗教观念在中国古代文学中的反映也是极其淡薄的，即使是在佛、道二教兴盛以后，它们对文学的影响也主要体现在作家世界观和思维方式的多元化，而没有造成文学主题偏离现世的转移。

（二）"文以载道"的教化传统。中国古代文学家都是在以儒家思想为主的传统思想哺育下成长起来的，"治国平天下"的入世思想是多数作家共同的人生目标，"独善其身"与"兼济天下"互补的人生价值取向是他们的共同心态。在儒家看来，伦理道德、治国安邦乃人生最高境界。儒家学说提倡"经世致用"的原则，思考的是实实在在的国家政治，关注的是现实生活的人伦意义。早在2000年以前，孔子就以"兴于诗、立于礼、成于乐"的教育程序，指明了诗歌对人格修养的重大意义。可以说，"文"是手段，"道"才是目的。"言之无文行之不远。"这种传统后来被唐宋文学家表述为"文以载道"或"文以贯道"，不但成为历代散文的共同准则，也成为整个古代文学的基本精神。文以载道的思想为古代文学注入了政治热情、进取精神和社会使命感，使作家重视国家和百姓的群体利益，时刻不忘积极有为的人生追求。

一般来说，真善美的统一是一切文艺创作的基本要求。但相对来说，西方文学更侧重美与真的统一；中国文学更侧重美与善的结合，更关注文学的伦理价值。载道致用的为文观有利于促进文学创作与社会人生息息相关，但也不免多少限制了文学艺术观照的视野，以及对文学本体的深入研究。

（三）含蓄隽永的美学风貌。中国古代文学追求的艺术表现手法不是写实而是空灵，不是形似而是神似，是知其妙而不知其所妙的艺术化境界，精炼含蓄、委婉曲折、意味隽永恰恰是中国古代文学作品的艺术特征。抒情言志的诗歌是文学的主要样式，而叙事作品亦有诗化的倾向。与西方文学相比，我国古代文学缺乏客观描述，但它充满了无限意趣的艺术魅力。"不着一字，尽得风流"，语言的局限性和精神与思想的不可言说性，是中国古代文人的普遍共识。

一个民族的文学特色，与该民族性格有密切的关联。中国人的内倾性性格，情感表达的委婉含蓄使文学在整体上呈现出一种含蓄隽永的美学风貌。从民族深层文化心理看，儒家精神与道家思想以其积极入世和自然出世的人生态度彼此分立又相互补充。前者塑造了中国文人的现世品格，后者培育了中国文化的超然情怀。因此林语堂说："中国人在成功时是儒家，在失败时则变成道家。"封建专制下的文人墨客缺乏言论自由，一方面不愿放下"治国平天下"的社会责任;另一方面不能坦诚自观,裸露情志,于是只好寄情于山水,借助于外物,含蓄曲折地表达心绪。"言有尽而意无穷,言近旨远"恰恰是中国古代文人追求的艺术境界,它使得欣赏者获得了多元而深刻的审美体验,是我国古典文学在艺术表现方面的妙谛,也是历代文人孜孜以求的旨趣。正如宋代严羽在其《沧浪诗话·诗辨》中所讲:"诗者,吟咏情性也。盛唐诸人,惟在兴趣,羚羊挂角,无迹可求。故其妙处,透彻玲珑,不可凑泊。如空中之音,相中之色,水中之月,镜中之像,言有尽而意无穷。"这种空灵玄远的诗境,在李商隐的《无题》中得到了完美的体现:

相见时难别亦难,东风无力百花残。

春蚕到死丝方尽,蜡炬成灰泪始干。

晓镜但愁云鬓改,夜吟应觉月光寒。

蓬莱此去无多路,青鸟殷勤为探看。

第二节　西方文学的发展历程

西方文学历史久远,以其独特的风格与传统,展现着西方文化的深厚积淀。从最初产生于公元前11世纪的《荷马史诗》,到现代多种文学流派的并存,经典的传承和革新相互辉映,伟大的作家和作品如璀璨的明珠,在历史的长河里放射出永不磨灭的光芒。

一、西方文学概况

如果说中国文学的源头是《诗经》和《楚辞》,那么与《诗经》同时代产生的《荷马史诗》恰恰是西方文学的起源。

(一)史诗。史诗作为西方文学的起源,是一种以诗歌的形式来记录表现重要历史事件与过程的文学体裁。公元前8世纪前后,希腊的民间说唱艺术家、盲诗人荷马将口头流传的史诗加以整理,形成了两部流传后世的鸿篇巨制、气魄宏大的民间叙事诗——《伊利亚特》和《奥德赛》,两部史诗合称为《荷马史诗》。史诗以发生于公元前12世纪末的一场战争为背景,战争是为了争夺一名叫海伦的希腊女子而引起的。在这场战争中,希腊半岛南部的阿卡亚人与小亚细亚西北部的特洛伊人发生了一场大战,经过10年征战,希腊联军攻克特洛伊城。两部史诗,一部是海外征战的战争史诗,一部是海上冒险与家庭生活的史诗,充分表现出希腊民族的心理与性格特色,广泛地反映出希腊社会由原始公社制向奴隶制过渡时期的经济、政治、军事等方面的情况以及希腊人民的生活和斗争情况,因而也是研究希腊早期社会的重要文献。恩格斯说:"荷马的史诗以及全部神话——这就是希腊人由野蛮时代带入文明时代的主要遗产。"另一方面,史诗从艺术形式上为以后西方的战争小说与流浪汉小说类型提供了借鉴,其人物性格刻画之精湛,艺术形式之完美,都堪称后世文学的典范。

中世纪的欧洲产生了一批英雄史诗,如日耳曼人的《希尔德布兰特之歌》、盎格鲁—撒克逊人的《贝奥武甫》、冰岛的《埃达》和《萨迦》等。这些史诗多形成于6世纪—8世纪,反映了民族形成与蛮族社会分化的状况,多半与中世纪民族大迁徙有关。这些民族当时未信奉基督教,保持了氏族社会生活特点,所以史诗未受到应有的重视。但它们保持了古代民间生动的语言,生活场面丰富多彩,思想深刻,有相当高的艺术价值。

另一类史诗是基督教民族史诗,产生于欧洲封建国家建成以后,以歌颂宗教和民族英雄为主题,其思想与艺术形式受到了基督教观念的较大影响,其艺术价值远逊于带有浓厚古代民族形成时期的朴素与简洁的艺术。这一类史诗包括法国的《罗兰之歌》、西班牙的《熙德之歌》、德意志的《尼伯龙根之歌》与俄罗斯的《伊戈尔远征记》等。

进入现代社会以后,传统意义上的史诗已不复存在,它作为一种具有历史特征的文学体裁随着社会环境的改变而更新了。作为西方文学的重要文体,史诗不但是最早的叙事文学,也是抒情诗等文体的开端。

(二)诗歌。诗歌是西方文学的一种重要文体,历史悠久,形式广泛,体裁多样。包括抒情诗、教谕诗、田园诗、神话诗等,具有史诗、叙事诗、十四行诗、长诗等诗体,多姿多彩,蔚为大观。

荷马之后的古希腊诗人赫西俄德的教谕诗《工作与时日》和《神谱》等是传诵一时的佳作,反映了公元前8世纪的社会生活。女诗人萨福是最负盛名的独唱琴歌的作者,她的诗多数以爱情、婚姻为题材,风格沉郁,哀婉;另一位琴歌诗人是阿那克里翁,他的五卷诗题材多为醇酒与爱情。

罗马时代诗歌创作进入一个高潮,此时出现了三位杰出的诗人,维吉尔、贺拉斯、奥维德。其中贺拉斯以文学理论著作《诗艺》成为继亚里士多德之后最主要的文艺理论家。奥维德的《变形记》是一部长诗,该诗根据古希腊哲学家毕达哥拉斯的"灵魂轮回说"来构思,将希腊神话故事串联起来,描绘人变形为石头、天体、动植物等,题材新颖,构思奇特,堪称诗史奇葩。维吉尔的长诗《埃涅阿斯纪》被誉为"文人史诗",语言个性色彩浓厚,典雅庄重,有较深入的人物心理描写,这是其他史诗难以达到的高度。

文艺复兴时期第一位诗人但丁的代表作《神曲》继承了希腊罗

马长诗富于哲理的传统，想象诗人漫游地狱、炼狱、天堂三界，与古今人物对话，反思中古时代的各重要事件。长诗由三部曲《地狱》、《炼狱》、《天国》组成，全诗表达了人类在新旧交替的历史时代中克服错误与迷惘，达到真理与至善的境界。华美的文字和精彩的比喻，使诗歌的艺术价值长存。

17世纪，英国伟大诗人弥尔顿，在英国文学史的地位上仅列于莎士比亚之后。他创作了以圣经故事为题材的三首长诗，即《失乐园》、《复乐园》和《力士参孙》，充分显示了弥尔顿的历史忧思和过人才华。

18世纪后期到19世纪中期，英国诗人们形成了不同流派。华兹华斯等浪漫主义诗人远离城市，居于民间，创作出反映田园生活的诗篇，《抒情歌谣集》使其成名，《丁登寺》、《序曲》等均是英国诗歌名篇。柯勒律治以描写自然和人的关系而著称，其作品《古舟子咏》、《忽必烈汗》等为人广为传诵。拜伦的《唐璜》，雪莱的《西风颂》、《云雀》脍炙人口，为后人不断吟咏。

欧洲的另一个文学大国法国在19世纪涌现出了波德莱尔、里尔克等象征主义诗人。《恶之花》以敏锐的个人感觉来反映社会变革；《豹》的诗句富于情感，意蕴深刻，是象征主义诗歌名篇。歌德是德国杰出的小说家，更是一个杰出的诗人，他历时近60年创作的代表作《浮士德》取材于中世纪传说，描写博学多识的浮士德博士借助魔鬼的力量上天入地，经历悲剧人生、追求知识、享受爱情、施展政治抱负、追求艺术和美、开创事业的传奇经历，人生每一个阶段都充满艰辛苦难，但他自强不息，奋斗不止，这正是文艺复兴以来资产阶级的进取精神的体现。

北美文学在19世纪逐渐成熟，进步诗人惠特曼的诗集《草叶集》使美国文学走向了世界；俄罗斯诗人普希金、莱蒙托夫，匈牙利诗人裴多菲都为西方诗史留下了不朽诗篇。

（三）小说。西方古代史诗的叙事传统结合中世纪骑士传奇，催生了小说这一重要的文学形式，它是西方文学的骄傲。可以这样说，现代意义上的小说，起源于西方，并且流传于世界。

欧洲小说第一部流行于世的作品是16世纪中期西班牙的无名氏创作的《小癞子》，这部小说讲述了一个少年离开家乡在城市流浪，见识世间万象，领略了三教九流众生相的故事。小说中多姿多彩的市民生活故事给读者留下了深刻印象。

西班牙作为小说的发源地，是小说思想和艺术形式最发达的国家。它的文学传统因其殖民扩张而影响到美洲，促进了美洲小说的发展。

英国小说家托马斯·莫尔在16世纪创作的《乌托邦》具有开创意义。作为幻想小说，它直指英国冷酷的现实生活，创造了一个乌有之国——乌托邦。小说用拉丁文写成，乌托邦即乌有之国，从此以后就成了空想美好社会的代名词。

18世纪到19世纪，英国小说进入兴盛期。笛福的《鲁滨逊漂流记》、斯威夫特的《格列佛游记》、理查逊的《帕美拉》、菲尔丁的《弃婴托姆·琼斯的故事》等都属于这一时期的优秀作品。

19世纪到20世纪，欧洲小说艺术发展到了顶峰。一批出色的小说家相继问世。狄更斯的《双城记》讴歌了宽恕与自我牺牲精神；萨克雷的《名利场》，夏洛蒂·勃朗特的《简·爱》，艾米莉·勃朗特的《呼啸山庄》，盖斯凯尔夫人的《玛丽·巴顿》、《克兰福德》等小说，至今仍被奉为经典。20世纪，托马斯·哈代的《德伯家的苔丝》、《无名的裘德》等作品成为批判现实主义这一文学流派的后期代表作品。

　　文艺复兴时期的法国小说已经相当成熟,拉伯雷的《巨人传》创造了一个有人文主义思想的巨人形象。他不但是身体的巨人,也是一个精神的巨人。他反对封建势力与教会对民众的压迫,主张个人有发财致富的权利,呼唤人身自由,享受爱情,追求知识与人生快乐。法国伟大的浪漫主义作家维克多·雨果的《巴黎圣母院》、《悲惨世界》、《笑面人》、《九三年》等名作,气势磅礴,人物众多,文学价值极高,大大提升了法国在世界文学中的地位。司汤达的长篇小说《红与黑》肯定了个人自由与个人奋斗,批判个人贪欲,成为法国批判现实主义的一大力作。巴尔扎克从1829—1848年间,创作了总题为《人间喜剧》的系列小说,对现实主义文学做出了巨大贡献,对社会的全景描写超越了以往的作家。

　　20世纪初,法国文坛流派纷呈,名家辈出。自然主义作家左拉,短篇小说作家莫泊桑,创作了《约翰·克里斯朵夫》的罗曼·罗兰,《追忆似水年华》的作者普鲁斯特,分别以自然主义手法、短篇小说创作方式、宣扬人道主义和英雄主义、意识流小说创作而蜚声世界文坛,为法国文学增添了一抹动人的光彩。

　　俄国文学是因为伟大作家屠格涅夫和列夫·托尔斯泰、陀思妥耶夫斯基而在世界文学宝库中占有重要地位的。尤其是托尔斯泰三部最著名的长篇小说《战争与和平》、《安娜·卡列尼娜》、《复活》对世界文坛产生了巨大的震撼。作为世界公认的第一流作家,托尔斯泰将现实主义文学推向了新的高峰。

　　19世纪的美国现实主义文学自60年代兴起。现实主义小说家们既描写了社会的发展,也指出了发展带来的种种问题。代表作家有:豪威尔斯、克莱恩、马克·吐温、欧·亨利、杰克·伦敦、西奥多·德莱塞。这一时代的作家在美国精神的塑造中,起到了不可低估的作用。

总之，从古希腊到当代欧美各国文学，西方文学的发展演变是一个复杂而又简单的过程。复杂性在于其经历了诸多流派，又涉及不同民族和不同国家。其简单性在于西方文学同源于古希腊文化体系，又经历了中世纪基督教的传统而发展起来，因而具有整体性和一致性。

西方的传统文学经历了古典主义（16世纪—18世纪）、浪漫主义（19世纪前半期）、现实主义（19世纪中期以后）三大文学潮流。它是一座极为丰富壮观的人类精神宝库，是我们认知西方社会的一个不可或缺的要素，它对世界各民族、各地区的文学产生了一种类似于主导作用的影响。因此，以一种开放的、全球性的意识和心态面对它，是我们的文学存在和发展的前提。尤其是19世纪以来，西方文学和中国文学相互影响，相互借鉴。但是由于西方的强大、进步、外侵，加之中国的落后和保守，使得这种影响呈现出一种不均衡状态。

17世纪以来，欧美不乏推崇东方文化者。斯宾诺莎（1632—1671年）推崇中国哲学；伏尔泰（1694—1778年）醉心东方文明而被戏称为"法国的孔夫子"；歌德、拜伦、普希金都曾以东方题材写作诗歌。20世纪美国的庞德、英国的乔伊斯、法国的克劳德尔、德国的海斯和布莱希特也明显受到了东方文学的影响。如庞德的"意象派"诗歌，就是受"言有尽而意无穷"的情趣启发而创作出来的。但是，这些影响并未改变欧美的文学观念和文学体系，只是给西方作家提供了题材、灵感、想象力和新的审美观念。

而西方文学对中国文学的影响主要表现在译介、模仿到全面学习、积极靠拢中。中国现当代作家从西方文学中汲取新的文学观念，建立新的话语体系，才促成了五四新文学的兴起。以林纾开始大量译介西方小说经典为开端，从提倡白话文到新诗创作，从白话小说到话剧，从鲁迅到郭沫若、茅盾、巴金、老舍，无不受到西方文学直接的或间接的影响。直至今日的"新时期"文学的每一步发展都与政治上的开放、文艺上的译介和借鉴紧密相连。今天的中国文坛，在欧美现代主义和后现代主义的影响下不断焕发着创作活力，但已从20世纪80年代的幼稚、狂喜抑或愤怒逐渐过渡到成熟和理性了。慢慢咀嚼，细细品味，吸收精华，剔除糟粕，将使中国文学由模仿、学习，走向创造。

二、西方文学的文化特征

（一）美之理想与浪漫情怀。中国神话中表现出浓郁的伦理意识，侧重于现世道德教化，而忽视对彼岸理想的信仰和追索。"怪力乱神"都被排除到正统文化思维的视野之外，富有原始浪漫情调的神话传说成为道德教化祭坛上的牺牲品。在中国神话的历史化改革过程中，诸神失去了自然属性和狂想的色彩，获得了历史属性和道德色彩，体现出中国人对"德"的尊崇——合乎规范的社会行为比知识和理论本身更值得尊重这一文化特质。于是，凝结着原始人类思维特征和朴素想象的神在中国被改造成作为文明社会道德偶像的"圣"。

希腊神话中的诸神，以其体形的健美和智慧的卓越而成为希腊人的生活理想。人们羡慕和讴歌宙斯的威严、太阳神阿波罗的俊美、战神阿瑞斯的剽悍、神后赫拉的美丽、智慧女神雅典娜的睿智、美神阿佛洛狄忒的妩媚、先知普罗米修斯的机智……在希腊神话中，神并不比人更有道德，只是比人更有力量、更美，用黑格尔的话来说，"希腊的性格是'美'的个性"。正是从这些个性中，人们认识了古希腊人天真、乐观、爱思索、喜好现世快乐和感观享受的性格特点。

希腊神明身上并无伦理意识，他们像凡人一样具有七情六欲，一样爱冲动和犯错误，双重品质在他们身上表现得淋漓尽致，而这些非伦理化的感性特点，构成了希腊诸神的魅力和可亲，使他们为希腊人所爱慕和向往。希腊神明既不像中国神明那样是一些毫无个性特征的伦理符号，也不像基督耶稣那样是一个毫无感性色彩的"精神"偶像。他们是一群活生生的血肉之躯，即高于现实生活又活在人们中间。这种感性化的特点使得希腊神话魅力长存，成为激发西方人的浪漫情怀的永不枯竭的源泉。

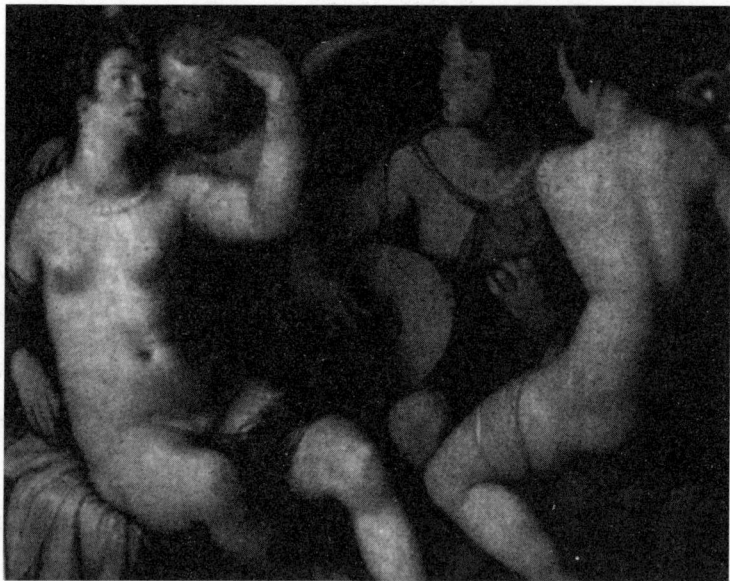

希腊神话——奥德修斯的故事

（二）个性张扬与英雄情节。在不同的社会土壤中孕育出的民族文学里，中西作家创造出了形形色色的人物形象，从中可以透视出不同的民族性格与文化价值。西方文化以个人为中心，追求个性开放和现世享乐，追求自我价值的实现，这与中国儒家文化造成的中国人重群体关系、轻个体自我的文化心态大相异趣。

拜伦在他的长诗《恰尔德·哈洛尔德游记》中引用了《世界旅行者》中的话说："宇宙像一本书，一个人只见过自己的国家，等于只读了这本书的第一页。"这句话，确切地道出了西方民族精神的核心——开放、进取、冒险和追求个性自由。

从荷马史诗到《堂吉诃德》以至于歌德的《浮士德》和罗曼·罗兰的《约翰·克里斯朵夫》，虽然思想气质、人生态度全然不同，但都各自具有内在的统一性，即追求自我理想的实现，弘扬精神意志的坚定性和性格心理的独特性。

（三）史诗传统与叙事主流。史诗，作为一种鸿篇巨制、气魄宏大的民间叙事诗，常常产生在氏族社会或其后不久的英雄歌谣的基础之上，依据某些重大的历史事件和英雄人物的事迹，经过艺术加工创作而成。《荷马史诗》和中国的《诗经》虽然都是以"诗"的外部形态出现，但前者为叙事长篇，开创了西方文学擅长敷陈故事，通过情节写人状物的传统；后者则是吟咏短制，是中国言景寄怀的"写意传统"的滥觞。两者分别为中西文学不同风格的形成奠定了坚实的基础——"中国文学和西方文学相比，大体上说，西方文学显得直截了当，率性任真；中国文学则喜欢委婉曲折，含蓄深沉。西方文学倾向于锋芒毕露的深刻广大，中国文学则倾向于绵里藏针的机智微妙；西方文学尚一泻千里的铺张，中国文学则尚尺幅万里的浓缩。"

第三节　中西文学特征对比

经以上对中西方文学各自的特征进行梳理，可以看到，两者的差异大致在以下三个方面表现出来：

（一）从中国和西方两种文学的发展历程和特征来看，中国文学发展得最为成熟的样式是"抒情言志"的诗歌，叙事文学相对不发达；而西方文学中小说和戏剧始终占据着霸主地位，即使是诗歌也多以叙事的史诗为主。

（二）中国文学由于受儒家文化重群体关系、轻个体自我的文化心态的直接影响，往往去刻画和描写群体角色，而非集中笔墨去写孤立的个别主人公；西方文学的主要叙事模式是以一个"英雄"或有独特个性的中心人物为主线。

（三）中国文化崇尚的中庸之道反映在文学创作中，使得中国古代文学作品的悲剧力量大大削弱，隐忍和避免矛盾冲突，反对积极斗争的心态让文学作品呈现出一派中和之"美"，多以大团圆结局；而以古希腊悲剧作为创作源头的西方文学在高强度的痛苦和惨烈之中宣扬一种精神：人可以被打倒，可以被毁灭，但不能被征服。西方文学的悲剧精神一直在促发着人们对人类不同时代的悲剧性处境进行深刻的探求和反思。

第五章　中西方艺术对比

第一节　何谓艺术

艺术，是一个触动人心灵的字眼。古今中外，每一个时代的精神火花都在这里凝练、积淀、传留下来，它感染着人们的思想、情感、观念、意绪，令人一唱三叹、流连不已。艺术和美紧密相连。艺术欣赏的历程，便是美的历程。而有关艺术的概念，历来众说纷纭。中国古人在《诗大序》中对艺术所作的论述，一定程度上揭示了艺术的起源及其本质："诗者，志之所之也。在心为志，发言为诗。情动于中而形于言，言之不足，故嗟叹之；嗟叹之不足，故永歌之；永歌之不足，不知手之舞之、足之蹈之也。"

列夫·托尔斯泰在《艺术论》中采用了较为具体形象的说法："艺术起源于一个人为了要把自己体验过的感情传达出来并传达给别人，于是在自己心里重新唤起这种情感，并用某种外在的标志表达出来。"杜威说"艺术即经验"，克罗齐说"艺术即直觉"，罗丹说"艺术即感情"。如此看来，中西艺术家和艺术理论家对艺术形成了大致的共识：经验、直觉、感情就是艺术的主体。在向外传达时借助不同的标志，即为不同的艺术。

第二节　中国传统艺术成就

中国古代艺术成就源远流长，璀璨夺目，是东方艺术的杰出代表。书法、国画、雕塑、音乐、舞蹈、戏曲等各门类艺术形式表达出了古代中国人对宇宙、人生的感悟，无不带给我们以美的享受、心灵的震撼和情感的升华。下面，我们从中选取成就最高的中国传统艺术门类——书法、绘画、戏剧和建筑加以了解。

一、书法

中国书法之所以成为一门艺术，是与汉字的方形结构和线条变化密不可分的。这种方块字的出现，是一种中国人对造型美的基本见解和表达。

汉字结构的写实主义和人体本位精神，使得汉字呈现出一种自然之美和人文之美。结构平衡，线条流畅，笔画变化多端，均匀而有对比，在书法家挥毫泼墨间，汉字的形态美展露无遗。书写者内心情志、胸中逸气得以在笔端尽情抒发，简单的书写升华为大美之艺术，这是世界上其他文字无法相比的。

书法作为艺术在汉魏时期真正形成。此时隶书定型，草书、行书、楷书也应运而生。魏晋南北朝时日臻完善，产生了一大批优秀作品和钟繇、王羲之等大书法家。其中王羲之与其子王献之并称二王。王羲之的书法"兼摄众法，备成一家""贵越群品，古今莫二""清风出袖，明月入怀"。他的《兰亭集序》被誉为天下第一行书。

隋唐时期高度繁荣的经济和辉煌的文化成就推动书法艺术进入了鼎盛阶段。书法作为学校中的必学科目，无论是理论和创作都达到了一个新的高度，且开始对日本书法产生影响。欧阳询、张旭、怀素、颜真卿、柳公权等书法家先后涌现。其中张旭以草书闻名，因其为人及书法如狂似癫，世称张癫。杜甫的《饮中八仙歌》写道"张旭三杯草圣传，脱帽露顶王公前，挥毫落纸如云烟"，由此可以想象其狂放和醉态。他的草书极富神韵和意趣，笔画癫而不乱，狂而不怪，刚柔相济，气韵连贯。其代表作为《肚痛帖》。张旭书法可以被称为古典的浪漫艺术，至今为人们所推崇和膜拜。

宋代盛行帖学，书法艺术不甚景气。宋人习书，时俗趋贵，以帝王好恶和权臣书体为转移，难有独特的发展。值得称道的是宋徽宗的"瘦金体"。

元代书法直承晋唐，跨越两宋。赵孟頫集晋唐书法之大成，篆隶行草无所不学，独占元代书法风骚。明代书法江河日下，缺少神韵，呆板齐整，形成所谓"台阁体"。清代书法中兴，特别是后期重碑学，继承和革新并举，突出了个人风格，因而出现了崭新局面。以郑板桥、吴昌硕、康有为等人为代表，其卓越成就将书法艺术推向了新的高度。

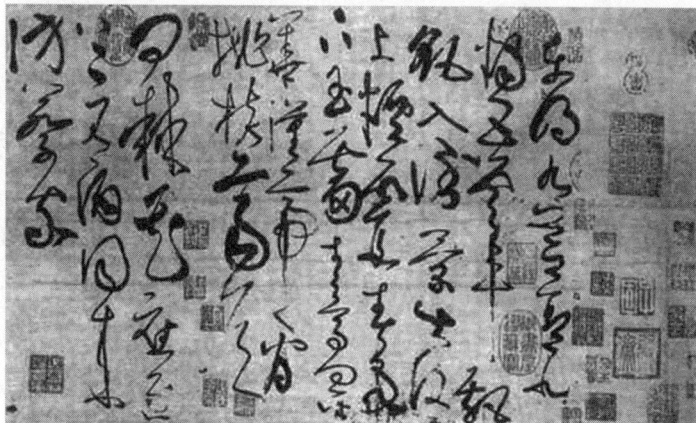

张旭的草书

书法艺术将"中和"的审美理想体现在"运笔取势"当中，情理结合、平正安稳，阳刚之气和阴柔之美两相兼顾，不偏不倚，表现出刚柔相济、骨肉相称的"中和之美"，"沉着痛快，圆熟混成"成为书法最高境界。王羲之的《兰亭集序》之所以被推崇为古今第一、万世楷模，便在于其达到了"中和"的最高境界。

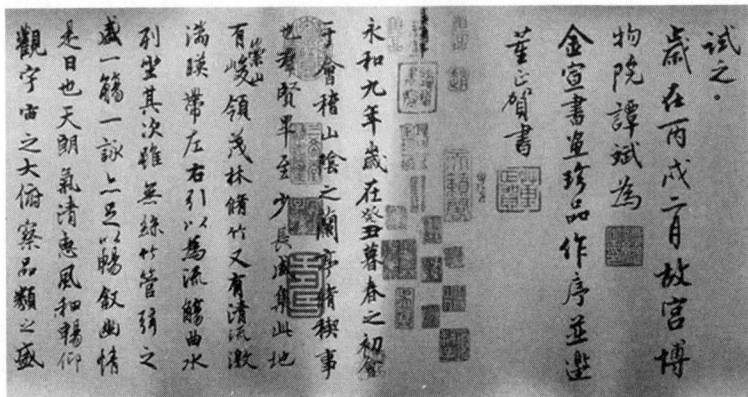

王羲之《兰亭集序》局部

二、绘画

中国画发端于原始人类对自然万物的审美活动。在经历了先秦原始绘画的成熟、汉代宫廷壁画的中兴、魏晋南北朝山水画的兴盛之后，隋唐的绘画进入了高度发展阶段，摆脱了以往的幼稚状态，达到了和谐自然的醇熟境界。在唐代绘画艺术空前繁荣之时，大量绘画大师涌现。其中吴道子是唐代中期最为杰出的画家，历史上被尊称为"画圣"。相传他画成《地狱变相图》后，京师的屠户们纷纷改行。他一生主要创作壁画，作品数量惊人。其所画人物衣褶有临风飘逸之态，故有"吴带当风"之说。这一时期宗教画日益世俗化，仕女画这一画科业已形成，山水画表现出了淡泊宁静的诗意，花鸟画演变成独立的画科，工笔画得以发展，多种画法争辉竞耀，体现出唐代文化昌盛、艺术繁荣的社会局面。

宋代绘画成就斐然，风格多样，名家辈出，其中风俗画最为后世称道。张择端的《清明上河图》代表了风俗画的最高水平。文人画赋予了"梅、兰、竹、菊"以道德品格，号称"四君子画"。这些画借物抒情，表现文人的节操和情趣，成为传统绘画的独特门类。代表画家有文同、苏轼、郑思肖、杨无咎等。

元代绘画出现重大变革，山水画成为中国画主流，给明清绘画以巨大影响。著名文人画家有赵孟頫、倪赞、黄公望、王蒙、吴镇等。画家重水墨写意，讲究神似，轻视形似，往往以书入画，以诗文点醒画意，书画相映成趣，形成文人画的独特意味。

明代绘画到中期以后在苏州地区形成了吴门画派，出现了"吴派四大家"——沈周、文徵明、唐寅、仇英。四人均以水墨画见长。写意花鸟画大师徐渭放笔纵横、水墨淋漓、随意挥洒、不拘成法，真正发挥了中国画的笔墨趣味，被称为"大写意"画家。他甚至用泼墨勾染的技法画牡丹，可谓大胆创新。陈洪绶（老莲）擅长人物画，形象夸张变形，高度概括，用以表现人物个性。

《地狱变相图》局部

吴道子的《天王送子图》

清代绘画受统治者高压政策的钳制，形成一种仿古风气。尤其是以石涛、八大山人为代表的一派画家消极避世，风格怪异，手法夸张，借古开今，直抒胸臆，成就斐然。以郑板桥为代表的"扬州八怪"继承了他们的精神，反对仿古，主张革新，个性张扬，构图简练，造型突兀，画面奇特，笔法刚健，标新立异，风格极为独特，因而被称为"怪"。他们为近代画坛新格局的形成开辟了先河，其敢于突破传统的思想，将绘画艺术推向前进。

"五四"新文化运动前后，西洋画开始流行，中西绘画互相影响，中国画进入新的历史阶段。齐白石承上启下，徐悲鸿中西融合，陈衡恪、黄宾虹各具特色，对当今的绘画艺术发展起到了奠基作用。

红梅报春图

汪曾祺的国画

中国传统绘画艺术注重气韵和神似,着力表现对象物的神态,抒发艺术家所获得的意趣,讲究"形神兼备"。神似成为艺术创作的主导精神和主导趣味。石涛曾说:"名山许游未许画,画必似之山必怪。变幻莫测懵懂间,不似之似当下拜。""不似之似"正是画家所要表现和追求的最高艺术境界,也是艺术的真谛所在。

诗情画意也是艺术家们努力表现的人生韵致,是中国绘画艺术的传统特色。诗画结合,以诗作画,为画题诗一时成为风尚。王维曾言,"画是无声诗,诗是有声画",在诗中表现画的意境,在画中表现诗的情趣,诗画一体,两相交融。如"大漠孤烟直,长河落日圆"的边境苍茫;"明月松间照,清泉石上流"的园林幽静,都是为了抒发情感、传达旨趣。

中国绘画的创作原则和创作方法是"心师造化""迁想妙得"。

这一理论指出了画家与客观事物之间的关系。客观事物是画家创作的源泉,拜大自然为师,向自然和生活学习,才能创作出生动的作品。元代的赵孟頫是一位全能书画家,他画山水,取法自然,因此他说:"久知图画非儿戏,到处云山是吾师。"东晋时的顾恺之是人物画大师,以画绝、才绝、痴绝被称为"三绝",主张绘画写神。有人问他如何得到"神"?答曰:"迁想妙得。"即在作画前深入研究、揣摩,体会审美对象的内在精神和情感,在此基础上逐渐掌握和了解对象的精神气质,经过分析、提炼,获得艺术构思。

总之,中国文人在趣味和理念上崇虚贵无,追求意境,在自然山水的描摹上重趣味和发挥,用艺术表达自己的精神境,用诗画创作来濡养自己的胸襟怀抱。

三、戏剧

就美学范畴而言,戏剧属艺术的八大部类之一。世所公认的三个最著名的戏剧系统是希腊的悲剧和喜剧、印度的梵剧和中国的戏剧。我国最权威的戏剧家黄佐临认为,当今世界上盛行的戏剧观念和表演体系,是以斯坦尼斯拉夫斯基、布莱希特和梅兰芳为代表的三大体系,足见中国戏剧在世界剧坛上的举足轻重。

中国戏剧共有360种,京剧是流行最广、影响最大、表演艺术最成熟的一个剧种,代表了中国戏剧的发展水平。在表演风格上分成京、海两大流派。京剧两派南北交流,竞相发展,形成了五花八门的分支和流派。"四大名旦"(梅兰芳、尚小云、程砚秋、荀慧生)和"四小名旦"(李世芳、张君秋、毛世来、宋德珠)以及"麒麟童"(周信芳)、马连良、"盖叫天"(张英杰)等大艺术家引领各个流派精益求精,推陈出新,共同促进了京剧不断向前发展。中国戏剧用虚拟的时空环境、严格的表演程式、夸张的艺术形象创造了独一无二的艺术形式。它重视意趣的挥洒、神韵的深远，以虚代实、以形传神，加之独特的艺术化的化妆和脸谱，无布景的舞台，象征主义的道具，这些都极大地激发着观众的想象力。这也是中国艺术普遍倡导的"神会""悟兴""不着一字，尽得风流"，使一切略去的细节都借由想象去补充以臻完美。除此而外，乐队中以打击乐为主的武场锣鼓使得空荡的舞台上洋溢着浓厚的人生情调，显示了中国人对欢乐人生的强烈追求。

除京剧外，较大的剧种还有豫剧、秦腔、川剧、越剧、吕剧、晋剧、黄梅戏、评剧、河北梆子、花鼓戏、采茶戏、道情、二人转、二人台等，真是丰富多彩、各具芬芳，体现了各地历史、文化、风俗习惯、人文气质的差异。

四、建筑

"建筑"一词从日本汉字引进到中国已有近百年的历史。在欧洲，建筑与诗歌、文学、戏剧、绘画、雕塑、音乐、舞蹈一起并称为艺术的八部类。德国诗人歌德说："建筑是凝固的音乐，是石头的史书。"美国华裔建筑大师贝聿铭说："中国古代哲学家老子说'埏埴以为器，当其无而有器之用'，建筑和城市从某种意义说也是一个器，是个容人和生活的容器——如设计得好，可以把平凡的生活方式提高到有强烈感受的目的性的水平。"在西方，建筑师和律师、医师并称为"三大师"，对建筑的美学价值和社会意义的重视在此可见一斑。

中国古代建筑的发展经历了六个阶段：

（一）成型期。从原始社会后期到春秋战国时代，城市规模不断扩大，宫殿已成为高台建筑，已经形成一定的建筑制度，用以规范各种建筑的规模、方位和等级。

（二）成熟期。从秦汉到三国时期，宫殿建筑规模宏大，台榭楼阁建筑精巧。阿房宫、铜雀台等规模巨大，结构复杂，体现了这一时期的建筑水平。

（三）吸收期。魏晋南北朝时期的佛教建筑随着佛教的传入而大量出现，中国原有的建筑形式吸收佛教建筑艺术，形成丰富多彩的寺、塔、石窟等佛教建筑。

（四）高峰期。隋唐两代的城市和宫殿规模空前宏大，布局和造型具有很高水平。以现存遗迹来看，各种建筑装饰精美，艺术价值颇高，对日本等国影响很大。

（五）转变期。宋元两代建筑规模缩小，大型建筑也缺少隋唐时代的恢弘气势。为了适应商业经济的发展，封闭性街坊建筑格局被打破，城市商业建筑纷纷出现，如《清明上河图》中所描绘的北宋都城一样。

（六）渐进期。明清两代建筑特点是宫式大型建筑完全程式化、定型化，发展迟缓。封建意识在建筑形式中得以最大化体现，以致积淀为一种心理定势。南方的大宅院和北方的四合院形成鲜明的对比。

紫禁城建筑

中国传统建筑作为世界建筑大家庭的重要成员,其建筑理念、规划思想、结构造型、环境意识与希腊罗马迥乎不同,概括起来有四个特点:

(一)木构架的结构方式。建筑家梁思成指出:"中国结构既以木材为主,……实缘于不着意于厚物长存之观念,……且既安于新陈代谢之理,以自然生灭为定律。"

(二)平面布局上以"间"为单位构成单体建筑,再以单体建筑构成庭院,然后再构成组群。以南北为纵轴线,以东西为横轴线,安排主要建筑和次要建筑,以围墙和回廊构成封闭的整体。这种布局是古代封闭的小农经济意识在建筑中的反映。

(三)在建筑的审美意识上追求平稳、整齐、对称,讲究秩序,适合礼度。至于园林建筑追求的则是曲折变化和诗情画意。

(四)在艺术造型上,采用庞大的出檐屋顶,给人以稳固、庄严、雄伟的感觉。

苏州园林

第三节　西方艺术成就

一、建筑

英文"建筑"（architecture）源于希腊文archi和tekt, tekt意为技艺, archi含义为"首要的、巨大的"。古代希腊是西方艺术的起源地，但就整体的艺术思想而言，古代埃及金字塔与几何学为西方提供了以几何学为基础的空间艺术思想，使得西方艺术成为一种以几何学与透视法为基础的艺术。这是一种重视空间感，提倡写实精神的艺术。正是这种思想观念使得西方艺术与远东中国的主体情感抒发型的写意艺术相分离。

以帕特农神庙为代表的宗教建筑艺术突显了西方建筑的古典艺术风格。神庙全部用大理石建成，是献给雅典娜的神庙。廊柱、平台支撑起整个构架，矗立其上的黄金象牙雕刻的雅典娜神像风姿秀

103

美,仪态端庄,聪慧威武。以罗马的万神庙和大斗兽场以及君士坦丁凯旋门为代表的罗马建筑艺术大量使用和发展拱券结构和穹窿屋顶,运用石材组合成梁柱式结构。

帕特农神庙

4世纪以后,罗马帝国开始衰落。公元330年,君士坦丁一世迁都于帝国东部拜占庭(今土耳其伊斯坦布尔)建成圣索菲亚大教堂,在原有罗马建筑的基础上吸收和融入了东方建筑成就,形成了独特的建筑风格。

圣索菲亚大教堂

在经历了西罗马的衰落和300年的战乱与分裂之后，人们从古罗马建筑的废墟中挑选出石料建造了罗马风格建筑，也称为"前哥特"风的比萨教堂，其中的比萨斜塔是伽利略进行著名的重力实验的地方。

欧洲中世纪被称为"黑暗时期"，文化艺术的发展受到很大阻碍，但建筑仍取得了一定成就。至中世纪晚期，在黑暗的天边闪现了一片耀目的明星，这就是哥特建筑风格的一批伟大教堂的出现，这是整个中世纪最值得称道的艺术成就，也是建筑艺术的辉煌篇章。

哥特教堂首先在法国出现，其第一个成熟作品为巴黎圣母院，以后逐渐普及整个欧洲。始建于1163年的这座大教堂经历了90年才建造完工，其特点是尖拱，高高的窗子，壁墩和高瘦的雕像都统一在一种向上的动势中，垂直感极强，强化了其空灵而超脱的氛围。它筋骨嶙峋，极尽峻峭清冷，似乎马上就要拔地而起，直伸到上帝的脚下，一种强烈的宗教气息扑面而来。德国科隆大教堂更显其脱尘超世，表情尤为冷峻，体现了基督教神圣忘我的宗教精神。

巴黎圣母院

文艺复兴的人文精神，本质上是与宗教神学完全对立的，但它在建筑上的体现却仍然是教堂。这一时期出现的圣彼得堡大教堂、圣马可广场都体现了多元和明朗的性格。特别是在圣马可广场，人们可以听到一支由古典、拜占庭、哥特、文艺复兴甚至东方阿拉伯建筑文化诸多成分糅合到一起的建筑交响乐。风格明朗、节奏多变、轻松愉快，体现了威尼斯人不拘一格多元吸收的襟怀。

法国在路易十四（1643—1715年）时代，君权主义已完全确立，为利用建筑体现君王权威，宫殿一时间成了法国建筑的主流，为几千年来一直以宗教建筑为主流的西方建筑史添加了一段风姿绰约的插曲。卢浮宫、凡尔赛宫、巴黎凯旋门充满古典主义格调。一直到19世纪，在法国、英国、德国和美国，先后流行过古典复兴（新古典主义）、浪漫主义（哥特复兴）、折中主义等以古代样式为基础的各种主义。例如，华盛顿美国国会大厦是罗马复兴的例证，英国的最大教堂伦敦圣保罗大教堂呈现出古典复兴和哥特复兴的双重特征，英国国会大厦和著名的大本钟塔楼是哥特复兴的代表作。

英国国会大厦

折中主义的创作是将所有曾经出现过的风格如古希腊、古罗马、拜占庭、哥特、文艺复兴、古埃及、东方的中国、伊斯兰、印度等式样无原则地杂然拼凑于一炉，因此19世纪建筑常被人讽为最乏特色的。但其积极一面也十分明显，即现代建筑的萌芽。巴黎的埃菲尔铁塔便是最著名的折中主义建筑之一。铁塔的建设引起过激烈的争论，包括小仲马、莫泊桑在内的许多沉浸在古典建筑形式的人们极力反对它的设计，但它预言了新的建筑材料、新的结构方式、新的建筑理论即将出现。它的出现，表明了一场史无前例的建筑大革命正在孕育之中。如今，埃菲尔铁塔已然成了巴黎人的骄傲，每年吸引几千万游客纷至沓来，一睹铁塔风采。

　　20世纪初，现代建筑兴起。德国包豪斯建筑学校、美国的匹兹堡流水别墅、法国的朗香教堂成为现代主义建筑的典型代表作。著名的澳大利亚悉尼歌剧院、美国新奥尔良意大利广场、巴黎的蓬皮杜文化艺术中心等被人们惊呼为"视觉混乱"和"爆炸"，但这种后现代主义风格有效地补充了现代主义的不足，成为一种大胆挑战现有的传统建筑精神和价值的标志。

法国蓬皮杜文化艺术中心

二、绘画和雕刻

公元前27世纪，文明曙光开始照亮欧洲，出现了爱琴美术和之后的希腊美术，但直接影响欧洲绘画进程的是古埃及的美术。埃及壁画创作非常繁荣，世俗化倾向明显。由于外族入侵和政治动荡，在公元前1000年以后埃及绘画为希腊美术所替代。这一时期的希腊雕刻空前发展，米隆的《掷铁饼者》成为希腊艺术的精品；波留克列特斯《持矛者》和《束发的运动者》等作品反映出了希腊人热爱体育，提倡健全体魄和健康精神的社会理念。从公元前10世纪开始，对女性美的欣赏与表现成为一种时尚，普拉克希特列斯的《尼多斯的阿芙洛蒂忒》是这一时期的代表作品，这是希腊人的第一尊女性裸体雕像，开一时风气之先。在接下来的希腊化时代，《米洛的维纳斯》、《拉奥孔》等作品注重外表的美和圆润华丽的风格以及精细的雕刻技巧。

米洛的维纳斯

108

　　罗马将基督教定为国教后，西方艺术在长达1000余年的中世纪一直以圣像绘画作为主要创作形式。13世纪以后，资产阶级的生产方式出现，动摇了中世纪的社会基础，确立了个人价值，肯定了现实生活的积极意义，形成了与宗教神权相对立的思想——人文主义，文艺复兴的绘画随之兴起。圣经典故仍是画家们创作的主要题材，但此时的艺术已经摆脱了为宗教服务的局面，常常出现充溢着生活气息和世俗情调的欢乐场面。15世纪—16世纪，意大利迎来了文艺复兴的鼎盛阶段，达·芬奇、拉斐尔、米开朗琪罗是当时罗马画派的最杰出代表。他们一方面从希腊、罗马的古典艺术中汲取营养；另一方面通过科学的探索，发明了透视法，解决了在平面上真实表现三度空间的方法。同时，改革了油画材料和技法，大大提高了油画的艺术表现力，使西方绘画描绘客观对象的技巧得到了空前的提高。达·芬奇的《最后的晚餐》、《蒙娜丽莎》，米开朗琪罗的巨幅天顶画《创世纪》和《摩西》，拉菲尔的圣母像，多纳太罗的雕塑《大卫》，丢勒的《四使徒》等均是这一时期绘画和雕塑的杰出代表。

　　从17世纪到19世纪初，欧洲出现了巴洛克美术、古典主义美术、现实主义美术、罗可可美术和新古典主义美术，欧洲艺术的中心也从意大利转移到了法国。在200多年的时间里，诸多风格流派各领风骚，交相辉映，此起彼伏，形成了波澜壮阔的艺术图景。

　　19世纪70年代，印象主义在巴黎登上艺术舞台，标志着欧洲绘画进入了新的发展阶段。印象主义主要以色彩取胜，莫奈、雷诺阿和德加是其中的代表。后印象主义则强调抒发自我感受，表现主观情感，主要代表画家为塞尚、凡高和高更。

　　1905年，巴黎秋季沙龙展现了一批造型夸张、风格粗野的美术作品，这就是"野兽主义"展览。以毕加索、布拉克为代表的立体主义，以波菊尼为代表的未来主义，以康定斯基为代表的抽象主义，以蒙德里安为代表的风格派，以杜尚、皮卡比亚为代表的达达主义，以达利为代表的超现实主义先后影响画坛，各领风骚数年。它们大多依赖直觉、潜意识等心理机制，其造型语言与传统绘画大相径庭，美与丑的概念已经被打破，"艺术"与"非艺术"的界限也变得模糊。毕加索的《亚威农少女》、《格尔尼卡》是其中最具影响力的代表作品。

毕加索的《亚威农少女》

二战以后，美国产生了抽象表现主义，英国产生了"波普艺术"，这些后现代主义艺术手法广泛运用到大众传媒，其势头非常强劲。但现实主义绘画仍不断在充实和完善着自己，以新的艺术语言深刻地反映着现实生活。

法国波普艺术代表作品

三、戏剧

由古希腊戏剧衍生、孕育的西方戏剧, 按时间顺序可划分为古希腊罗马戏剧、中世纪戏剧、文艺复兴时期戏剧、古典主义时期戏剧、启蒙运动时期戏剧、19世纪戏剧、现代戏剧和当代戏剧。

　　古希腊戏剧是人类戏剧的童年期，也是第一个繁荣期，有许多悲剧和喜剧作品保留至今。著名悲剧作家有埃斯库罗斯、索福克勒斯、欧里庇得斯。著名喜剧作家有阿里斯托芬、米南德。他们一共创作了400多部作品，流传下来的仅有40多部。其中索福克勒斯的《奥狄浦斯王》被称为古希腊悲剧的典范，它塑造了极富魅力的悲剧艺术形象，是对亚里士多德在《诗学》中阐述的悲剧理论最完美的诠释。

　　公元前120年，雅典最后一次举行大酒神节，希腊戏剧的发展历史宣告结束。罗马戏剧使之更为纤巧细致，但也趋于肤浅化了。中世纪的戏剧创作和演出以宣传宗教观念和道德说教为基本内容，产生了一些新的剧种：奇迹剧、神秘剧、道德剧，这一时期留下的传世之作甚多，但民间的戏剧传统对文艺复兴时期的戏剧影响很深。

　　文艺复兴时期的人文主义运动推动了文学艺术的高度繁荣，在戏剧史上形成了古希腊之后的第二个繁荣期。其中，莎士比亚戏剧成为戏剧宝库中的珍品，对后世文学艺术的影响难以估量，一直震撼着各国读者的心灵。他的37部剧作包括悲剧、喜剧、历史剧和传奇剧。他的创作分为三个阶段：第一阶段从1590年到1600年，作品包括《亨利六世》、《约翰王》等历史剧，《仲夏夜之梦》、《第十二夜》等喜剧和一部早期悲剧《罗密欧与朱丽叶》；第二阶段主要写悲剧，四大悲剧以《哈姆雷特》、《奥赛罗》、《麦克白》、《李尔王》最为著名；第三阶段的主要作品为传奇剧，如《暴风雨》等。莎士比亚的戏剧多取材于历史记载、民间传说、小说等材料，广泛借鉴古希腊罗马戏剧、英国中世纪戏剧以及欧洲新兴的文化艺术成就。其悲剧塑造了丰富、复杂的人物性格，描绘主人公内心的矛盾和冲突，以此展示人生价值和生存本质，从而反映他对于时代和人性的思索。他的喜剧风格独特，浪漫主义诗情和批判现实主义的精神并行不悖，成为后人难以企及的典范。莎士比亚戏剧的人文精神跨越时空，具有永恒而普遍的意义。

古典主义戏剧在17世纪开始发展起来，崇尚古典、崇尚理性，提出"三一律"作为戏剧创作的金科玉律，强调结构的严谨和语言的质朴典雅。悲剧和喜剧界限严格，不相混杂。代表作家有高乃依、莫里哀、拉辛。以笛卡尔的《唯理论》作为哲学基础，认为理性也就是人的良知是真理的最高标准。莫里哀的剧作《伪君子》，作为喜剧作品的典范，影响了许多国家的喜剧事业发展。

18世纪，著名的"狂飙突进"运动推动了欧洲文艺启蒙运动的开展，伟大的剧作家歌德、莱辛、菲尔丁、哥尔多尼创作了众多戏剧作品，在各个领域进行思想启蒙。

19世纪的西方戏剧出现了浪漫主义和现实主义戏剧两大流派。浪漫主义的代表作家雨果、缪塞、大仲马、拜伦、雪莱、普希金等强调文学创作的自由，反对古典主义的清规戒律，提倡大胆的想象和艺术上的创新。现实主义在19世纪30年代以后取代浪漫主义，两者的创作原则相互对立，易卜生、小仲马、萧伯纳、高尔斯华绥、果戈里、托尔斯泰、契诃夫等均是这一流派的代表人物。其中易卜生的《玩偶之家》被认为是最杰出的代表作品之一。

欧洲以二战作为界限划分出现代和当代，这一时代的戏剧流派纷呈。值得一提的是20世纪五六十年代的荒诞派戏剧，它表现了人在荒诞世界中尴尬的处境和人与人之间难以沟通的境遇。语无伦次的台词，零散、破碎的舞台形象，无论是内容和形式都传达着荒诞的意蕴。贝克特的《等待戈多》是最经典的荒诞派戏剧作品，它在戏剧史上的贡献十分巨大，对世界戏剧有着深远的影响。

《等待戈多》剧照

第四节 中西艺术风格的差异

中西艺术整体风格上的差异,可用4个字来概括,即"写意"与"写实"。强烈的写意性、程式化、整体感和运动感,追求形式和内容的高度和谐,是中国艺术呈现出的总体特征;西方艺术则用强烈的写实性、科学性和真实性,去追求内容和形式上的和谐,并在此过程中对形式加以特殊的强调。迥乎不同的艺术风格,造就了大相异趣的艺术审美模式。《米洛的维纳斯》和米开朗琪罗的《大卫》让西方人叹为观止,在艺术史上绽放着无尽的光辉,但却一度"让中国人视为洪水猛兽,抑或干脆想入非非";中国的国粹京剧曾让国人如醉如痴,一生追随,却令西方人莫名其妙,如坠五里雾中。中西方欣赏趣味的差别与各自的文化基因和文化血液存在着千丝万缕的

114

联系,中西方艺术创作的初衷和旨趣与各自的哲学思考和思维方式密不可分。

　　古代中国对于宇宙自然的理解和认识呈现出强烈的主体化特征。老子认为"道"是一切宇宙万物的本源,"道生一,一生二,二生三,三生万物"。何谓"道"?"道可道,非常道""视之不见,听之不闻""博之不得",无一能为感官所把握。对于宇宙世界、世间万物,只有"无视无听,抱神以静"。艺术之美是无法用限定的形式加以表现的,只有回归于道,才会获得永恒。老子言"大音希声、大象无形",庄子说"天地,有大美而不言",都是这种哲学思维和艺术感悟的精辟阐述。

　　因此,主体化的艺术观导致中国艺术家心中根本没有客观自然这个概念,任何客体也不是感官捕捉到的客观世界的规则再现,而是一个为意念重新构造出来的表象世界。正所谓"胸中之竹,并不是眼中之竹也""手中之竹,又不是胸中之竹也""意在笔先""趣在法外"。大千世界,经过主观的提炼和改造,摆脱形似的初级形态,追求"气韵""意趣""神韵""意境",这是传统艺术的精髓,书法、绘画、戏剧、音乐、雕塑等概莫能外。逼真的模拟和技艺的再现不能创造洒脱的灵动和出神入化。

　　写意传统可以追溯到天人合一的精神价值。"天人合一"的具体表现是文艺创作中的物我交融,"外师造化,中得心源",实际上是人的主观情感体验的外化,是"我"与"非我"的贯通。在各种艺术形式中,天人合一的精神都以写意形式体现出来:

　　(一)作为中国传统艺术的主要形式之一,绘画并不注重具体物象的刻画,而倾向于用抽象的笔墨表达人格精神,以自然写本心,借物抒怀,诗中有画,画中有诗,笔墨之中略施丹青,倏然成画,舒展怀抱。不做一笔一画的模仿，不关心审美对象的几何比例和光影作用。将自身化入宇宙万物，在宇宙万物中体味无限。工笔画、宫廷画也追求意与境谐，情与景融。

（二）书法所用文房四宝更是传统中国人须臾不可离身的工具。"字如其人"，线条或如行云流水，或显法度森严，主体的神态尽显其中。

（三）苏州园林随地赋形，巧夺天工，宛如天然图画，体现尊重自然，充满诗意禅趣。庙宇殿堂的形状比例，体现一种宁静安详。如林语堂所说："中国的屋顶并不大张声势，也不用手指问苍天。它只是面对着苍天，无声地表白自己平和的心意，谦逊地鞠着躬。"

（四）戏剧将音乐、舞蹈、文学、绘画、雕塑综合起来，也将写意性传统继承和发展起来。"借意显实"，追求意趣神色，将想象的空间留给观众，用艺术夸张的手法将实际生活高度集中地体现出来。虚拟化和程式化的表演将情境演绎得活灵活现，而这正是中国戏剧的独特魅力。

相比较而言，西方艺术则更多体现出以征服自然为意旨的写实性。受"征服自然"的宇宙认识和认知方式的制约，西方的美学思想总是在写实的基础上不断追求模仿方式和手段的发展变化，使得艺术流派不断推陈出新，艺术形式也在与时俱进。

自古典时代的柏拉图、亚里士多德提出了"模仿说"，以求真的态度模仿自然一直统领着西方艺术发展史的全过程，成为西方传统艺术的核心观念。在他们看来，符合视听规律的真实，是创作的不二法则，这在西方的绘画和雕塑中表现得最为突出。

从古希腊的帕特农神庙东山墙浮雕《命运之女神》到罗丹的《思想者》，从达·芬奇的《蒙娜丽莎》到印象派画家马奈，模仿自然，坚持以反映客观为尺度的原则始终一脉相承。将艺术与科学完美统一，在艺术创作中融入科学态度和科学思想是他们不变的追求。

进入20世纪后，现代艺术在科学技术的巨大成就等大的时代背景下开始追求创新，在艺术的各个领域出现了多元分化的局面，抽象主义和具象主义并存，艺术越来越向几何体形式抽象与观念抽象的方向发展。俄国画家与艺术理论家瓦西里·康定斯基主张，艺术家的任务不是要驾驭形状，而是要达到形式与内容的统一。抽象艺术就是要通过几何图式来创造自然，从物体外表的描绘中解放出来，以表现对象的精神为主。俄国构成主义画家卡西米尔·马列维奇的《白底上的黑方块》是一些几何体图形，但作者将其称为"裸体的圣像"。另外，一些抽象主义画作采用了类似泼墨的手法，体现了作者作画时情绪的脉搏，表现出一种比较接近中国书法艺术的趣味，表达出对传统艺术的反叛。在艺术领域，"苍松翠柏，高处相逢"得到了最完美的诠释。

不可否认，从西方艺术的发展轨迹中我们更多地看到了其所特有的超越机制，不断探索、永远进取，这正是我们从中可以汲取的最高价值。

第六章　中西方文化习俗对比

习俗是最基本的文化现象之一, 是群体传习文化的主要方式, 也是凝聚、规范和影响人们行为、语言及心理的一种基本力量。作为一种生活文化, 它是人们日常的、年复一年的、代代相传的活动方式和基本活动的文化模式。习俗与社会生活是水乳交融的, 习俗之于人, 如同水之于鱼。习俗活跃在社会各个阶层, 穷乡僻壤和通都大邑都不例外。

习俗可分为三类: 有关物质生活的文化习俗、有关精神生活的文化习俗和有关社会行为的文化习俗。

一、有关物质生活的文化习俗

与物质生活相关的文化习俗主要包括生产商贸和衣食住行两大类, 它们是最常规最有感性认识特性的习俗文化。它们是为了适应人类最基本的生存需要自然形成的, 能充分反映出不同民族和地区人们的生存境况、价值观念和审美意识。比如饮食对于中国人来说是生活的头等大事, 历来有民以食为天的全民信仰, 对食物原料的选取, 饮食加工的技术, 乃至炊具、食器的使用以及进食的方式都极为考究。八大菜系、风味小吃、节日食俗、礼仪待客无一不体现当地本土文化特色。再如居住习俗, 仅就民居类型而言, 北方的四合院、陕北的窑洞、南方的干栏、广东客家的围屋、蒙古族的蒙古包、藏族的石砌楼房等，无不因地制宜，实用和审美兼顾。

二、有关精神生活的文化风俗

和精神生活相关的文化习俗是一种隐性文化，包括民间信仰、民间文化和民众心理等，民间巫术也是文化习俗中与精神生活密切相关的习俗，在传统文化和人们的日常生活中拥有特殊地位。

三、有关社会行为的文化习俗

社会行为方面的习俗是一种约定俗成的集体文化行为，一旦形成，对群体具有极大的凝聚力，对个人有极强的约束力。节庆、仪式、亲族活动、社区生活等均是其主要内容。其中亲族文化是中国人特有的文化形态，也是中国文化有别于西方文化的一个明显特征。

作为一种文化现象，首先，文化习俗在维系文化系统的整体运转中发挥着巨大作用。一个人来到世上，必然会受到周围环境的感染，在习俗化过程中，个体的人完成了由自然人到社会人的转化，从而与群体生活相协调，因此文化习俗是除法律、道德之外用以规范人类社会行为的另一种重要方式。其次，风俗习惯也参与人的文化人格的塑造，起到重要的教化作用。"一方水土养育一方人""近山则仁，近水则智"，群体共有的文化习俗氛围模塑出了某种特有的人格。再次，义化习俗所具有的鲜明的民族性和地域性，也使群体形成了相同或相近的思维方式和价值观念，使得群体成员与自己的文化保持着割舍不断的心理联系，它有极大的凝聚力和向心力，是社会动乱、文化危机时的社会稳定剂，具有潜在的整合功能和独特的调节功能。

习俗作为一种十分普通、人们司空见惯的社会现象，却有着深刻的文化内涵和巨大的影响力。究其实质,习俗是一种文化现象,它属于民俗学的范畴,是文化的重要组成部分。关于这一点,从事文化研究的中外学者早有论述。英国民族学和人类学的创始人泰勒(E.B.Tylor)在其名著《原始文化》(The Primitive Culture)一书中对文化一词进行界定时就把习俗包括了进去:文化或文明是一种复合物,它包括知识、信仰、艺术、道德、法律、习俗,以及作为社会成员的人所获得的其他任何能力和习惯。

文化习俗大致可分为7大类,即生活习俗、节日习俗、竞技习俗、宗教习俗、禁忌习俗、婚姻习俗和丧葬习俗。它们是一个民族在特定的历史条件和地理环境中发展和承袭下来的,是一种文化形态的具体体现。因此,习俗带有明显的民族特点。中国人吃饭用筷子;西方人用刀叉。中国人有尊老爱幼的传统;西方人则首先建立了"女士优先"的习惯。中国人认为一年之计在于春,春为一岁之首,所以一年中最重要的节日是春节;而西方基督教发达,宗教在人们的生活中举足轻重,所以他们最看重的是圣诞节。龙是中华民族的象征,所以一些竞技活动与龙有关,比如舞龙比赛、龙船竞渡等。在西班牙,古代有杀牛敬神的宗教习俗,后来则演变成斗牛活动和奔牛节。凡此种种,习俗无不具有明显的民族特性,这一点也正是造成世界各国习俗差异的重要原因。

民俗还是一个民族的价值观念、社会心理和道德传统的反映和体现。中华民族一向以"礼仪之邦"著称于世。所以中国人在与他人交往时,一般是彬彬有礼,礼貌比较周全。中国人一向有敬老的传统,所以在称呼他人时,常常在称谓前或后冠以"老"字,如老师,老先生、老同志、老王、老大妈、老师傅、孙老、钱老等。中国人崇尚谦虚,所以对他人的赞美之辞多以否定的言辞加以婉拒。这些风俗习惯都体现出我们中国人所崇尚的理想、热爱的事物、赞颂的人和事。而西方人正好与此相反,他们重视工作和成就,每天见面的第一句话便是"你干得怎么样?"(How are you doing?)。西方人重视个人形象和表现,乐意听别人对自己的评价,对别人得体的赞美一般都是以感谢的话语给予答复。西方人一般较随便,与人交往不甚拘泥于礼仪,因此与熟人、同事和朋友交往时也多以首名相称。

　　文化习俗具有陶冶情操、规范行为、维系人际关系的功能。虽然文化习俗不是法律条文,但却有很强的规范作用。人们生活在社会上一般都按照这些约定俗成的准则行事。按照文化习俗行事,社会活动就会按部就班地进行,人际关系就会融洽,交际或沟通就会成功。文化习俗这种教育人、陶冶情操、规范行为的功能是巨大的,常常是社会和人际关系赖以正常运转的重要因素。同时我们也应当看到,就文化习俗的主体来讲,它是一个民族的思想精华和精神财富。但在精华中也夹杂着糟粕,换句话说,文化习俗的主体部分是良俗,但也有少数的陋俗或劣俗。对后者,我们应该加以破除和摒弃。

第一节　姓氏习俗

　　姓氏或名字是一种符号,它是社会上人们借以相互区别的标志。作为一种文化符号,其所包含的内涵是非常丰富的。人们在选择名字时有种种原因和道理,比如借名字表达某种愿望、赋予它们某种精神或使其象征某种事物。基于这一点,以及其他各种相关历史或文化因素,世界上各个民族在不同的历史时期形成了不同的姓氏体系。

一、汉族的姓氏习俗

由于民族、语言、文字、宗教信仰等因素的差异,各个国家和民族的姓氏习俗是多种多样的。中国的姓氏制度,是以汉族人民为主体的绝大多数中国人所采用的姓氏制度。中国汉族的姓氏至少已经有5000年的历史了。在上古时代,直到先秦,姓和氏是不同的概念范畴。最初,姓是一个部族的族号或标记,代表不同的图腾或居住地,而且姓代表的是母氏血统,不仅"姓"字本身为女字旁,而且不少姓氏也为女字旁。比如,姚、姒、姬、姜、妫、嬴等。这就说明,中国的姓起始于上古的母系氏族社会。随着部族的发展及人口的繁衍,一个部族又分为若干分支,各个分支又散居各地,每个分支都有自己一个特殊的称号,这就出现了氏。由此可以看出,一个姓分化出若干氏,一个氏又会繁衍出不同的氏。后来,姓和氏的界限越来越模糊,并逐渐消失,变成了一个概念。自上古到汉代经过数千年的发展,中国的姓氏才逐渐固定下来,形成了中国汉民族的姓氏基础。

中国汉民族的姓氏众多,起源各不相同。蔡萌在《怎样起名·姓名趣谈》一书中对姓氏的起源做了如下分类:

以祖先的图腾为姓,如:云、龙、熊、牛、马、羊、鹿等;

以祖先的称号为姓,如:轩辕、高阳等;

以祖先的谥号为姓,如:文、武等;

以祖先建立或被分封的国家为姓,如:齐、鲁、秦、晋等;

以爵位为姓,如:王、公、侯等;

以居住地为姓,如:东门、南宫、西廓等;

以官职为姓,如:司马、司徒、帅、尉、司空等;

以职业为姓,如:陶、卜、巫、商、乐等;

以皇帝赐姓为姓，如唐朝沙陀族的朱邪赤因镇压农民起义有功赐姓李，其后代就袭用李姓；

以少数民族姓氏的音译为姓，如呼延、宇文等。

宋代初年，钱塘（今杭州市）一位读书人编过一本《百家姓》内收单姓408个，复姓76个，因宋朝皇帝姓赵，钱塘所在的吴越国君姓钱，其后妃姓孙姓李，因此以"赵钱孙李"开头。

在汉民族目前使用的3000多个姓氏中，根据人口分布的情况，又有大姓、小姓之分。如传统讲的"张、王、李、赵"便属大姓之列，而一些复姓如轩辕、上官、公孙、巴金等被称为小姓。通过抽样调查获得的中国汉民族姓氏排名情况使我们对中国主要姓氏的人口分布有了一个较为清楚的了解：

李王张刘陈杨赵黄周吴

徐孙胡朱高林何郭马罗

梁宋郑谢韩唐冯于董肖

程曹袁邓许傅沈曾彭吕

苏卢蒋蔡贾丁魏薛叶阎

余潘杜戴夏钟汪田任姜

范方石姚谭廖邹熊金陆

郝孔白崔康毛邱秦江史

顾侯邵孟龙万段雷钱汤

尹黎易常武乔贺赖龚文

根据《辞海的解释》：中国人的名字本为名和字的合称。《礼记·檀弓》："幼名冠字。"古代人始生而有名，至二十岁成人，行冠礼加字，故合称名字。后来一般指人的姓名或名。《礼记》中说："幼名，冠字，五十以伯仲，死谥，周道也。"

这两段文字使我们对中国古代起名的习俗有所了解。显然,在中国古代,人们的名和字是分开的,也就是说一个人有两种姓名代号,二者存在语义上的差异,在使用上就有讲究。据《白虎通义·姓名》说:"名者,幼小卑贱之称也。"另据《颜氏家训·风操》称:"古者,名以正体,字以表德。"由于名具有卑贱的含义,尊贵者对卑贱者称名,个人自谦亦称名。又由于字可以表德,平辈或尊辈则称字,以示尊敬。如个人用字来称呼自己则显然有自夸的成分在里面。

古人自报姓名时,常常是姓、名、字三者一齐提到。比如《三国演义》在第一回介绍刘备时,这样写道:

中山靖王刘胜之后,汉景帝阁下玄孙,姓刘,名备,字玄德。

同一回中,刘关相见,关羽自报姓名时这样说道:

吾姓关,名羽,字长生,后改云长,河东解良人也。

在名和字之外,古人往往还要取一个别名,称之为号,这是中国文化一个独特的现象。其流行乃是唐宋以后,明清时为盛。名和字多由长辈或兄长所取,而社会上有地位、有名望、有文化的人常常取号以表达自己的志趣、心声和愿望,也是骚人墨客表达自己超然物外的理想和情怀的一种委婉曲折的方式。如南宋女词人李清照号"易安居士",东晋诗人陶渊明因宅边有五棵柳树,取号为"五柳先生",李白号"青莲居士",杜甫号"少陵野老",明末朱耷号"八大山人",苏轼号"东坡居士",黄庭坚号"山谷道人",明代画家唐寅号为"江南第一风流才子",清郑板桥自号为"青藤门下走狗"等。有的人可能有两三个号,这就产生了又号和别号,比如,明代的思想家和文学家李贽,号卓吾,又号宠甫,别号温陵居士。

中国汉民族的个人名字发展到今天已经发生了巨大的变化。总的发展趋势是由多变少,由繁变简。如前所述,过去中国人先有名,名又有乳名、小名、大名之分。名之外有字，字之外还有号；现代中国人的名字已简单多了，孩子生下以后取的名除有特殊情况外，会伴其一生。

从古至今，中国人的名字都有性别的差异，男子的名字多用英武博大之词，普遍带有阳刚之气，归纳起来，大概有以下几类：

表示抱负的，如：陈安邦、赵治国；

表示意志的，如：王毅、李刚；

表示操守的，如：张永清、贺世廉；

希望长生不老的，如：郑永生、王健康；

希望做官发达的，如：冯学官、陈喜旺；

表示坚强的，如：宋铁威、谢志坚；

表示志向高远的，如：王超尘 、赵志高；

表示情趣高雅的，如：李玉清、王尚洁；

表示与众不同的，如：王冠群、谢松鹤。

中国女子的名字从形到义所表达的则是传统女性的秀美、贤淑、文雅、可爱的形象。女子姓名可以归纳为以下几类：

多用女字旁的字，如：妙、妞、姑、姗、妮、姝、娜、姣、娟、姬、娥、娴、娘、娅、婕、婷、婉、媛、嫦……

多用花鸟字，如：芝、兰、花、英、芹、茜、蕾、梅、桃、莲、凤、菊、燕……

多用闺物字，如：秀、钗、钏、纨、香、黛、芬、琴、芳、馨……

多用珍宝字，如：玉、玲、玖、琼、琳、瑛、珍、珠、瑾……

多用粉艳字，如：丹、丽、倩、艳、翠、霞、素……

多用柔景字，如：月、媚、波、云、雪、雯、春、秋、莺……

多用柔情字，如：爱、惠、喜、怡、君、婉……

多用女德字, 如: 淑、娴、巧、慧、贞……

多用清秀字, 如: 洁、秀、清、雅、静……

多用重叠字, 如: 莺莺、艾艾、婷婷、方方、圆圆、冰冰、琪琪……

中国人的名字从古至今都带有明显的时代印迹。如春秋时期许多人取名都带"子"字, 如子路、子夏、子游等。"子"字是对男子的尊称和美称, 反映了那个时代人们崇德敬贤的社会风气。西汉的上层统治者推行黄(黄帝)老(老子)之术, 祈求长生不老, 不少人用"去病""迈年"为名。魏晋南北朝时, 士大夫崇信天师道, 常以天师道的标志"之"字来命名, 如王羲之、王献之等。唐朝佛教兴盛, 于是出现了带有佛教色彩的名字, 如玄宗时期的高力士。宋朝人喜欢用"翁""叟"来取名, 如欧阳修号醉翁, 陆游号放翁, 北宋词人王观字通叟。明清时代, 科举盛行, 人们崇尚功名利禄, 人名中多出现奎、元、科、第、光、禄、赐等字。清末的改良派人物和民主革命家的名、字、号则鲜明地反映出他们的政治理想和奋斗目标, 如康有为、林觉民、黄可强(黄兴)、谭壮飞(嗣同)等。中华人民共和国成立之初, 解放、国庆、建国、建华、跃华等名字如雨后春笋般涌现。"文革"期间出生的孩子很多人获得了政治色彩浓烈的名字, 如文革、卫东、红卫等。如今, 人们的名字多反映出富有个性化色彩的审美情趣和价值取向, 呈现出更加浓郁的人文氛围。如冯杨、朱安、刘刘等结合父母二姓的名字, 更有安琪、丽娜等洋味十足的名字。其中不乏标新立异, 挑战传统的名字, 甚至出现了四个字的名字, 如高瞩新月、刘蕴佳宁, 孙思敏健等。

二、英语国家的姓氏习俗

据记载,古代西方人只有名没有姓。盎格鲁·撒克逊人的名字多数由一个普通名词构成,他们取名所遵循的原则是避免重名,其习俗是人死后名字就不再被提起,这是后代子孙尊崇先人的表现。这种习俗直到1066年诺曼人入侵英国时才被打破,他们将其姓氏制度带入英国。在其后500年间,英语国家的人逐渐形成了自己完整的姓氏体系。

研究表明,英语姓氏的形成是由以下各种因素决定的:

(一)职业:如Carpenter(卡彭特)、Thatcher(撒切尔)、Tailor(泰勒)、Smith(史密斯)、Cooper(库伯)、Clerk(克拉克)、Cook(库克)等姓氏均源于原来的职业——分别为木匠、盖屋顶的人、裁缝、铁匠、制桶工、办事员、厨师等。

(二)居住地:如York(约克)、Kent(肯特)、London(伦敦)等。

(三)居住地附近的地形、地貌:比如,Moor(穆尔)、Hill(希尔)、Lake(莱克)、Wood(伍德)、Brook(布鲁克)、Bush(布什)等英语姓氏其原意分别是荒野、小山、湖泊、树林、小溪、丛林等。

(四)个人的身体和个性特征:如,Small(斯莫尔)、Long(朗)、Wise(怀斯)、Short(肖特)等。

(五)某些姓氏由"名+子"(first name+son)构成,表示一种父子关系:如,Johnson(约翰逊)、Wilson(威尔逊)、Jackson(杰克逊)、Jameson(詹姆斯)、Grayson(格雷森)等。

(六)宗族和血缘关系:如Mac, Mc等前缀说明该姓氏的人是苏格兰人的后代;而带有O前缀的是爱尔兰人的后裔;带有Fitz前缀的是诺曼人的后裔。如,MacArthur(麦克阿瑟)、McDonald(麦克唐纳）、MacMillan（麦克米伦）；O′Neil（奥尼尔）、O′Brien（奥布赖恩）、O′casey（奥卡西）；Fitzgerald（菲茨杰拉德）、Fitzwilliam（菲茨威廉）、Fitzhugh（菲茨休）等。

历史上人口迁徙是经常发生的。移居英格兰的外地人常被人称为Scot（苏格兰人）或Wallace（威尔士人）。英文Wallace一词由Wales一词演变而来。这些新移民就以Scott（斯科特）和Wallace（华莱士）为姓。另有一些新移民被当地人称为"traveller"（旅行者）、"strange"（斯春奇）、"newcome"或"newcoms"（纽科姆），这些人便以此为姓。

日常生活中喜欢标新立异者不乏其人，如一个美国学生叫William Yoguess（You guess）听起来颇为怪诞。

在英语国家，子女一般随父姓，家族世代相传，妇女出嫁后改为夫姓，如Mary Smith嫁给John Robinson后，改为Mary Robinson。但随着妇女解放运动的兴起，婚后仍保留原姓的情况已不鲜见。

英语国家人的姓名一般由两部分组成：名+姓，其排列顺序与中国正好相反。如Linda Jones。多数情况下，人们只使用一个名字，即首名或教名。教名是孩子在接受洗礼时由神父赐予的名字。在办理公务或签署文件时才使用中名（middle name）。在书写时按首名+中名+姓的次序排列，如Linda Jane Smith或Linda J.Smith或L.J.Smith。

英语国家的人同中国人一样，在给孩子起名时非常慎重，名字的来源不外乎以下几种：

（一）以父母或亲朋的名字命名：如英国科学家达尔文全名Charles Robert Darwin，就是结合了伯父和父亲的名字而取的。

在父亲名字后面加上Junior（简写为Jr.），既可避免和父亲名字雷同，又寄予了子承父业的期望。如Franklin Roosevelt, Junior（小罗斯福）。

（二）用圣贤或名人的名字取名：这反映了人们崇拜英雄的社会心理。如美国已故总统尼克松的母亲有5个儿子，除了一个以父名命名外，其余4个都以早期英国国王的名字命名，即哈达罗德、理查德、阿瑟和爱德华。另外，用《圣经》典故中的人物命名的做法也很普遍，如Abraham，Moses，Paul，Peter等。

（三）价值观念、审美取向也影响人的命名，这一点和中国人颇为相似：如Lily（百合花）、Susan（优雅、亲切）、Diana（月亮女神）、Helen（迷人的）等。Andrew（勇敢直率）、Peter（岩石）、Richard（强有力的）、Charles（高尚）、David（受人爱戴）、Francis（自由）、Lewes（人民的保护者）、John（上帝的仁慈）。这些名字都有很明显的象征意义，体现了他们所崇尚的价值追求。

在英语国家中，名字的使用必须遵循一定的规范。签署文件、填写表格或自我介绍时一般使用全名。在正式场合或陌生人之间，可以称姓，并在姓前面冠以适当的称谓，如先生、太太、小姐、教授、博士之类。在熟人之间，称名是很普遍的，以表示关系亲密、态度友善。在家庭中，子女可以对父母直呼其名；在一些学校中，学生也可以称老师的名，这在中国等级森严、长幼有序的社会生活中是不可思议的。

三、汉英姓氏习俗的差异

由于各自历史发展和文化传统的差异，中西方形成了两种不同的姓氏体系，其差异之处表现如下：

中国的姓氏体系远比英语国家的姓氏体系历史悠久、形式复杂。

中国人的姓名排列次序与英语国家正好相反。

中国人敬老的传统使得人们将对长辈直呼其名视为一种忌讳，取名时力求避免与长辈重名。西方国家则喜欢以父母或亲朋的名字为己名，以期继承家庭传统。家庭中子女直呼父母亲名字者大有人在，体现了子女与父母平等和亲密的关系。

中西方国家的姓氏都是世代相传的，但中国妇女婚嫁后保持本姓。中国封建社会妇女没有大名，正式场合沿用"夫姓+本姓+氏"的形式来称呼，如"钱王氏""赵孙氏"。在英语国家中，妇女出嫁后一般要改姓夫姓，只有极少数例外。

中国人姓氏有单姓、复姓、三字或四字姓之分，以单姓数量为多。英语国家的人有复姓，但数目极少。

中国姓名中有乳名（小名）、学名（大名）之分，英语国家姓氏中有首名、教名、中间名之分。很多名字有昵称形式，如Margaret的昵称有Margie和Margot。Mary的昵称有Mariana和Marion。James的昵称有Jim和Jimmy。

第二节 节日习俗

一、中国传统节日

汉民族节日的产生和演变，与远古农业生产、祖先崇拜和原始禁忌关系密切，有浓厚的农耕文化特色，节日本身反映出农业社会的生活规律。节日活动仪式和合家团圆之乐表明节日留存着祖先崇拜的痕迹，体现了中国节日中的伦理特色。节日风俗追求平安吉祥、驱病灭灾、避凶就吉，节日活动内容中有的融入了名人事迹，呈现出人文色彩。中国传统节日体现的是"人与人""人与事（农事）"的关系。总结中国的传统节日，大致包括以下九个：

（一）春节。古称"上日""元旦""三元"（岁之元、时之元、月之元）等，是最大最重要的传统节日。"年，谷熟也"。它与农业、历法直接相关，是一个时间概念，在尧舜时代称为"载"，夏朝称为"岁"，商朝称为"祀"，周朝称为"年"。汉武帝时确立以夏历纪年，并将二十四节气编入历法，定正月为岁首，十二月为年终，正月初一被确立为年节，围绕年节的各种活动于除夕开始进行。

（二）元宵节。古称"上元节"或称"灯节"，即正月十五放花灯。汉明帝为弘扬佛法，下令正月十五夜在宫廷寺院燃灯礼佛，到唐代以后十分盛行。宋代词人辛弃疾的《青玉案·元夕》描写元夕观赏灯火用了这样的词句："东风夜放花千树，更吹落，星如雨。宝马雕车香满路，凤箫声动，玉壶光转，一夜鱼龙舞。娥儿雪柳黄金缕，笑语盈盈暗香去。众里寻他千百度，蓦然回首，那人却在灯火阑珊处。"

（三）三月三。由古"上巳节"演变而来。这一天男女老少到郊外水边戏水，以消灾除难，春秋时期的郑国已有这样风俗，叫作"修禊"，也叫"禊祭"。王羲之所作《兰亭集序》真实记录了这一活动的场景："永和九年，岁在癸丑（公元353年），暮春之初，会于会稽山阴之兰亭，修禊事也。群贤毕至，少长咸集，此地有崇山峻岭，茂林修竹，又有清流激湍，映带左右，引以为流觞曲水，列坐其次。虽无丝竹管弦之盛，一觞一咏，亦可以畅叙幽情。是日也，天朗气清，惠风和畅，仰观宇宙之大，俯察品类之盛，所以游目骋怀，足以极视听之娱，信可乐也。"虽是为了避凶就吉，但从"极视听之娱"的实际效果来看，无疑是一次现代意义上的旅游活动。

（四）清明节。与古时的"寒食节"相合而成，时间在农历三月上旬,公历四月五日前后,是传统节日中唯一与节气合一的节日。"清明"意为天清气明,可以春耕春种了。到了唐代,清明节开始加入扫墓祭祖的内容,杜牧的《清明》有云:"清明时节雨纷纷,路上行人欲断魂",写出了行人在雨天见到清明扫墓情景而引发的淡淡哀愁。除此而外,在这一天人们还到郊外踏青春游。唐朝诗人崔护《题都城南庄》写道:"去年今日此门中,人面桃花相映红。人面不知何处去,桃花依旧笑春风。"另一项活动是荡秋千。苏轼《蝶恋花》云:"花退残红青杏小,燕子飞时,绿水人家绕。枝上柳绵吹又少,天涯何处无芳草。墙里秋千墙外道,墙外行人,墙里佳人笑。笑渐不闻声渐消,多情总被无情恼。"

(五)端午节。又称"端阳节",时间为农历五月初五,相传是为纪念屈原所设。这一天人们吃粽子,赛龙舟,系五彩线避恶,在门上插艾叶。民谣有云:"五月五,晒被褥。"说明这一天也是人们的卫生节。

端午节赛龙舟活动

(六)乞巧节。又称"七夕",即七月七日。这一节日源于牛郎织女鹊桥相会的传说，是我国特有的爱情节。唐代以后，又因唐玄宗和杨贵妃的爱情故事与七夕有关，所以白居易的《长恨歌》写道："七月七日长生殿，夜半无人私语时。在天愿作比翼鸟，在地愿为连理枝。"

（七）中秋节。农历八月十五，与春节、端午节合称三大传统节日，因日期正处一秋之中，故称中秋节。它起源于战国时期杰出的神话《嫦娥奔月》，人们于八月十五祭月以盼嫦娥归来。中秋节也是庆贺丰收的农事节日，人们祈盼"花好月圆，人寿年丰"。伴随赏月、祭月，形成了颇具浪漫格调的美好风俗。这一天最主要的庆祝方式就是吃月饼，合家团圆，其乐融融。苏轼《水调歌头·丙辰中秋》描写中秋欢饮醉后的感怀："明月几时有，把酒问青天。不知天上宫阙，今夕是何年。我欲乘风归去，又恐琼楼玉宇，高处不胜寒。起舞弄清影，何似在人间？转朱阁，低绮户，照无眠。不应有恨，何事长向别时圆？人有悲欢离合，月有阴晴圆缺，此事古难全。但愿人长久，千里共婵娟。"

（八）重阳节。农历九月九日。古人以九为阳数的代表，二九相遇，故名"重阳节"。重阳登高，赏景赋诗是重阳节的主要活动。唐代诗人王维的《九月九日忆山东兄弟》"独在异乡为异客，每逢佳节倍思亲。遥知兄弟登高处，遍插茱萸少一人"，描写的便是登高望远，不免感怀思亲。

（九）腊八节。即农历十二月初八，佛家称"成道节"，据说当年释迦牟尼在成佛之前苦行至体力不支，一位牧羊女送给他乳糜才帮他得以继续在菩提树下深思冥想，终于在十二月初八"成道"。中国佛教徒在这一天用米和果子煮粥供佛，称为腊八粥，后来传入民间后宗教色彩逐渐消失，以致完全世俗化，这一点和西方宗教节日表现出了质的不同。

二、西方的节日

（一）圣诞节。圣诞节是基督教徒纪念耶稣基督（Jesus Christ）诞生的日子，公认的日期是12月25日。圣诞节本是一个宗教性的节日，在美国、英国、加拿大、德国、意人利、澳大利业等西方国家，甚至非洲、东南亚一些国家都很盛行。圣诞节是指圣诞日（Christmas Day）或圣诞节节期（Christmas Tide），即12月24日至第二年1月6日这段时间。人们把12月24日夜称为圣诞前夜（Christmas Eve）。

圣诞树是圣诞节最重要的装饰点缀物。圣诞树通常使用整棵塔形常绿树（如杉、柏等），或用松树枝扎成一棵塔形圣诞树。树上挂满了金银纸片、用棉花制成的雪花和五颜六色的彩灯、蜡烛、玩具、礼物等装饰品。树顶装有一颗大星，树上的彩灯或蜡烛象征耶稣是世界的光明，大星则代表耶稣降生后将三位东方贤人引到伯利恒的那颗星。

人们互赠圣诞贺卡和圣诞礼品庆祝圣诞。传说圣诞老人在圣诞夜驾着由八只鹿拉起的雪橇，满载着礼品从北方雪国来到各家各户，由烟囱下来，经壁炉到房间内，把糖果、玩具等礼品装进孩子们吊在壁炉和床头上的袜子里。

在平安夜（12月24日晚至12月25日晨），基督教徒们组织歌咏队到各教徒家去唱圣诞颂歌，传报佳音。据说，这是模仿天使在基督降生的那天夜里，在伯利恒郊外向牧羊人报告基督降生的喜讯。

（二）情人节。情人节是英美等国一个十分重要的节日，时间是每年的2月14日，是男女情人倾吐爱情心声的节日。

情人节的起源有多种解释，现在大多无法考证，比较流行的说法是: 它是为了纪念罗马基督教殉道者瓦伦丁（Valentine） 而设的。公元3世纪时, 古罗马内外战争频繁, 暴君克劳多斯为了补足兵员, 要求凡是达到一定年龄的男子, 都必须进入军队为国家效劳。他传令不许人们举行婚礼, 甚至连所有已经订了婚的也马上要解除婚约。然而, 修士瓦伦丁却违背王令, 悄悄地为有情人举行婚礼。事情传到暴君的耳朵里, 瓦伦丁被投入地牢, 受尽折磨而死。悲伤的朋友们将他安葬于升普拉教堂。那一天是公元270年2月14日。

如今的情人节习俗基本始于19世纪, 情人在这一天相互赠送礼物。西方国家的一些大学和社会团体一般都要举行情人节舞会。情人节的标记——鸡心和爱神丘比特的画像会放在会场醒目的地方。

（三）耶稣受难日。《新约全书》记载, 耶稣被罗马统治者钉死在耶路撒冷的十字架上。教会称这一天为犹太教安息日的前一天, 规定复活节前的星期五为耶稣受难日。

耶稣受难日是纪念耶稣生命中最高潮的一周（即"圣周", 又称"受难周"）中最重大的日子。"受难日"是纪念耶稣之"死"的日子。这一天信徒们身穿深色服装, 参加礼拜仪式时颜容肃穆。天主教徒在祷告时还要将蜡烛顺次熄灭, 使教堂黯黑。仪式上要诵读《旧约·以赛亚书》里的"受苦仆人"经文。

圣餐礼, 是为纪念耶稣受难日而举行的一种仪式。这个仪式是耶稣在和门徒们共进"最后的晚餐"时创立的。天主教徒又把圣餐称作"圣体"。在领圣餐的仪式上, 主礼人对小块面饼和小杯葡萄酒（代表耶稣的肉和血）进行祝祷, 然后分给正式的教徒领餐。教徒通过这种象征性的领食缅怀耶稣及其言行。天主教的仪式上还要奉行崇拜十字架的礼仪。

（四）复活节。复活节是基督教耶稣复活的重大节日。传说耶稣被钉死于十字架上，死后第3天复活升天。公元325年，罗马皇帝君士坦丁一世召开世界性主教会议，即尼西亚会议（Council of Nicaea）。会议决定，为纪念基督教的创始人耶稣复活，将每年的春分月圆后的第一个星期日定为复活节，每年的具体日期不确定，一般在3月22日至4月25日之间。从复活节开始以后的一周称作复活节周，在此期间，教徒每天进行祈祷。

复活节这一天要举行宗教仪式和活动，如"圣餐"等，人们见面的第一句话就是"主复活了"，然后人们互赠彩蛋，小孩吃兔子糖，讲兔子的故事。彩蛋和兔子是复活节的典型象征和吉祥物。基督教徒认为，蛋是耶稣的象征，未来的生命就是从其中挣脱而出世的。复活节时人们把鸡蛋染成红色，代表耶稣受难时流出的鲜血，同时也象征复活后的快乐。

（五）愚人节。愚人节是一个比较特殊的节日，时间是每年的4月1日。按照西方国家的习俗，在愚人节这一天，人们可以任意说谎骗人，愚弄他人。骗人的手段越高，越能得到推崇。在愚人节受到愚弄的人被称为4月愚人（April Fool）。

有关愚人节，比较普遍的说法是起源于法国。1564年，法国首先采用新改革的纪年法格里历（即目前通用的阳历），以1月1日为一年之始。但一些因循守旧的人反对这种改革，依然按照旧历，固执地在4月1日这一天送礼品，庆祝新年。主张改革的人对这些守旧者的做法大加嘲弄。他们参加假招待会，并把上当受骗的保守分子称为"四月傻瓜"或"上钩的鱼"。从此人们在4月1日便互相愚弄，成为法国流行的风俗。18世纪初，愚人节习俗传到英国，接着又被英国的早期移民带到了美国。

愚人节时，人们常常组织家庭聚会，用水仙花和雏菊把房间装饰一新。典型的传统做法是布置假环境，如布置得像圣诞节一样。还有举办"鱼宴"，做假菜等风俗。不过愚人节最典型的活动还是大家互开玩笑，用假话捉弄对方。

（六）母亲节。母亲节是英美等国家为了表达对母亲的敬意而设立的一个节日，日期为5月的第二个星期日。康乃馨被视为献给母亲的花。

现代母亲节起源于美国，由安娜·贾维斯（Anna Jarvis，1864—1948 年）发起，她终身未婚，一直陪伴在母亲身边。安娜·贾维斯的母亲心地善良，极富同情心，她提出应设立一个纪念日来纪念默默无闻做出奉献的母亲们，可是这个愿望未实现她就去世了。她的女儿安娜·贾维斯于1907年开始举办活动，申请将母亲节作为一个法定节日。节日于1908年5月10日在美国的西弗吉尼亚州和宾夕法尼亚州正式开始。1913年，美国国会确定将每年5月的第二个星期日作为法定的母亲节，并规定这一天家家户户都要悬挂国旗，表达对母亲的尊敬。而安娜·贾维斯的母亲生前最喜爱的康乃馨也就成了母亲节的象征。

（七）父亲节。父亲节起源于20世纪初的美国，时间为每年6月的第三个星期日。当时在华盛顿州一位名叫布鲁斯·多德的女士年幼丧母，兄弟姐妹6人全靠父亲抚养成人。父亲的这种既为人父，又为人母的自我牺牲精神极大地感动了她。在拉斯马斯博士的支持下，她提笔给州政府写了一封言辞诚恳的信，呼吁建立父亲节，并建议将节日定在6月5日她父亲生日的这天。州政府采纳了她的建议，仓促间将父亲节定为19日，即1909年6月的第三个星期日。以后，其他州也相继庆祝父亲节。1972年，尼克松总统正式签署了建立父亲节的议会决议。这个节日终于以法律的形式确定了下来，并一直沿用至今。

在父亲节这天，人们佩戴红玫瑰向健在的父亲表示爱意，佩戴白玫瑰对故去的父亲表示悼念。在温哥华，人们选择佩戴白丁香。宾夕法尼亚人用蒲公英向父亲表示敬意。孩子们通常一大早就起床给父亲做一顿丰盛的早餐，感谢父亲的养育之恩。孩子们向父亲赠送的礼物一般是父亲喜欢的衣服和爱喝的酒。

（八）万圣节

万圣节的孩子们

万圣节是西方传统节日，时间是每年的11月1日，是纪念所有圣徒的日子。万圣节之夜则是10月31日。

万圣节起源于公元前500年凯尔特人的习俗。他们认为10月31日是新年伊始，故人的亡魂会在这一天回到故居地在活人身上找寻生灵，借此再生，而且这是人在死后能获得再生的唯一希望。活人因惧怕死魂来夺生，就熄掉炉火、烛光，让死魂无法找寻活人，又把自己打扮成妖魔鬼怪把死人之魂灵吓走。公元1世纪，占领了凯尔特部落的罗马人也渐渐接受了万圣节习俗，他们把庆祝丰收的节日与凯尔特人仪式结合，戴上可怕的面具，打扮成动物或鬼怪模样，为了赶走在他们四周游荡的妖魔。这也就是今天全球大部分人用古灵精怪的打扮来庆祝万圣节的由来。

在万圣节前夜，人们制作"杰克灯"或叫"南瓜灯"。小孩们装扮成鬼怪的形象，手里提着一盏南瓜灯，挨家挨户在门口大声叫着"是请客还是要我们捣乱"。若主人不请客，这些顽皮的孩子就会搞恶作剧。人们一般事先准备好糖果或零钱，在小孩来到时分发给他们。

（九）感恩节

11月的最后一个星期四是感恩节。感恩节是美国人民独创的一个节日，也是美国人合家欢聚的节日。

感恩节的由来要一直追溯到美国历史的发端。1620年，著名的"五月花"号船满载不堪忍受英国国内宗教迫害的清教徒102人到达美洲。1620年和1621年之交的冬天，他们遇到了难以想象的困难，处在饥寒交迫之中。冬天过去时，活下来的移民只有50来人。这时，心地善良的印第安人给移民送来了生活必需品，还特地派人教他们怎样狩猎、捕鱼和种植玉米、南瓜。在印第安人的帮助下，移民们终于获得了丰收。在欢庆丰收的日子，按照宗教传统习俗，移民规定了感谢上帝的日子，并决定为感谢印第安人的真诚帮助，邀请他们一同庆祝节日。这便是美国历史上感恩节的开始。1941年美国国会通过决议，将每年11月的最后一个星期四作为全国统一庆祝感恩节的日子。

感恩节庆祝模式许多年来从未改变。丰盛的家宴早在几个月之前就开始着手准备。其中最妙和最吸引人的大菜是烤火鸡和南瓜馅饼，这是感恩节中最富于传统和最受人喜爱的食物。

(十) 盖伊·福克斯之夜

盖伊·福克斯之夜, 又称篝火节之夜, 是英国的传统节日, 时间为每年的11月5日。庆祝篝火节之夜的历史传统起源于1605年的"火药的阴谋"。1605年的一天, 盖伊·福克斯 (天主教反叛分子) 携带大量火药潜入到伦敦议会大厦下面的一个房间里, 企图炸毁位于伦敦威斯敏斯特的英国国会大厦。当时国王在开会, 讨论天主教改革的事宜。但是, 盖伊·福克斯的计划泄露了, 一个卫兵发现了当时正在国会大厦地窖的盖伊·福克斯。他们的阴谋被挫败了。在严刑拷打下, 盖伊·福克斯招供了一切。于是, 阴谋反叛的人被团团包围起来, 根据当时的法律以叛国贼论处, 被判处绞刑并剖尸。

今天, 人们自己制作"盖伊"——一个用旧衣服填充做成的假人, 再把它放在篝火上焚烧, 以此来庆祝当年阴谋的破灭。绚丽的焰火燃放起来, 这表明多年前的那场爆炸根本没有发生过。

第三节 禁忌习俗

一、禁忌的定义

禁忌是世界各民族共有的文化现象。英文中禁忌一词taboo源于太平洋汤加岛上的Tongan (汤加语), 18世纪英国航海家詹姆斯·库克 (James Cook) 首先发现了汤加群岛居民的各种禁忌习俗, 并将该词引入英语。关于禁忌一词的含义, 《大英百科全书》做了如下解释:

严格地说来, 禁忌仅仅包括: (1)属于人或物的神圣不可侵犯的性质。(2)由这种性质所引起的禁制作用。(3)经由禁制作用的破坏产生的神圣性。

事实上，禁忌是人们对某些言行的自我限制，它不仅来源于人们对某种神秘力量的畏惧，而且也包含着人们在与大自然做斗争中长期积累的经验，以及在长期的人际交往中所形成的社会礼俗。因此，有消极的、迷信的、愚昧的禁忌，也有积极的、合理的、科学的禁忌。禁忌像一种无形的戒律束缚着人们的语言和行为，使人们在禁忌区内不敢越雷池一步。即使在科学发达的今天，人们的迷信思想大大减弱，但人们的宗教和政治信仰、价值观念、文化传统和社会习俗仍然紧紧地维系着禁忌的存在，只是时代不同，内容和形式发生了变化而已。可以说，禁忌无处不在、无时不有，从衣食住行，社会交往到政治、外交、文化等活动都可看到禁忌的身影。因此，禁忌限制了人们的交际活动，为跨文化交际设置了不小的障碍。而了解中西禁忌有利于交际活动和国际交往的顺利进行。

二、社交禁忌

在西方社会，隐私是神圣不可侵犯的。个人隐私包括个人年龄、财产、工资收入、婚姻、恋爱、信仰等，这些属于私人领域的事情，一般不可轻易提及。而在中国人的观念里，上述西方人的隐私恰恰是人们津津乐道的话题。

时间观念的不同也会给人带来尴尬。宴请或聚会，西方人习惯晚3~5分钟到达，一般来说，比预定时间晚10分钟到达是一个底线，因为让主人和其他客人久等是一种失礼，而稍晚几分钟可以给主人充足的时间做好迎客的准备。这种习惯正好与中国人相反，我们往往早到三四分钟以表达尊敬，对年长和地位高者尤其如此。

吸烟的人遇到一起，为了表示礼貌，常有为他人点烟的举动，这在中西方都是常见的礼节。但在英语国家有不给第3个人点烟的忌讳,一根火柴或打火机连续为3个人点烟据说会给其中一个人带来不幸。

三、公共场所禁忌

排队时不允许加塞儿,是公民素质的体现,西方国家对此一直保持良好的传统。不拥挤、不喧哗、不围观等已成了每个公民的行为习惯。但在中国,诸如拥挤、围观等现象总是屡见不鲜。

在公共场所或朋友聚会时,绝对禁止冲着他人打喷嚏,中外皆然。中国人对小孩打喷嚏会有"一百岁""二百岁"的反应语,西方人会在打完喷嚏后听到周围人说一声"上帝保佑你。"成年人则用纸或手捂住鼻口,转过身去,将喷嚏打出,事后还要说一声"对不起"。

四、饮食禁忌

饮食禁忌是饮食文化的重要组成部分。它包括饮食的内容,也包括饮食的方式。如印度教的教徒忌吃牛肉,佛教徒忌吃各种肉类,吃素忌荤。

汉族人几乎什么都吃,天上飞的,地上跑的,水里游的,鸡鸭鱼肉,山珍海味,动物的头脚和内脏都可以拿来做成美味佳肴,供人享用。西方人则讲究得多,比如他们有的忌吃肥肉及鸡鸭类的皮(烤鸭、烧鸡的皮除外),忌吃狗肉、蛇肉等,忌食大蒜或有刺激性味道的调味料等。

在饮食方式上,中国人的规矩十分繁杂。中国人忌用筷子敲打盘子或饭碗,进餐时忌唱歌,忌将筷子悬在空中,眼睛搜索自己爱吃的菜肴;忌把筷子插入盛满米饭的碗中,因为那是死人的倒头饭;忌当众松腰带、忌当众打嗝、忌吃饭中途如厕。北方人讲究送客饺子迎客面。以打鱼为生的地方吃鱼时忌将鱼翻过来，如果这样做则寓意翻船等，多数饮食禁忌都与迷信有关。

西方人在饮食方式上也有诸多讲究。进食时忌刀叉出声，喝酒时忌出声，进餐时忌大吃大喝、狼吞虎咽，尤其忌讳刀叉弄响了水杯。忌自己的菜盘剩下食物；餐毕将刀叉放好，忌乱放；忌弄撒了盐。口中进满食物时忌说话等。

五、宗教禁忌

自有宗教以来，宗教戒律就伴随而生。宗教戒律也就是宗教禁忌。主要宗教禁忌如下：

（一）基督教禁忌。《圣经·旧约全书》中记录了"摩西十诫"（the ten commandments），它们是基督教思想的核心。这十诫是：

除上帝外不可敬拜别的神。

不可敬拜偶像。

不可妄称上帝之名。

当守安息日为圣日。

当孝敬父母。

不可杀人。

不可奸淫。

不可偷盗。

不可做假证陷害人。

不可贪婪他人的财物。

（二）天主教禁忌。作为基督教的三大教派之一，天主教除遵从"摩西十诫"外，还有自己独特的某些禁忌，比如参加丧礼，忌穿色彩鲜艳的衣服；在葬礼后的两三个星期内，死者亲属忌见客人，一年之内忌参加大型宴会或舞会；天主教教士不准结婚；南斯拉夫的天主教徒忌在星期二和星期五举行婚礼。

（三）新教禁忌。新教有十二种禁忌，其中既有"摩西十戒"的内容，也有新的规定，这反映出了宗教改革后新教徒的新思想。这十二种禁忌是：

禁止制造和敬拜一切偶像。

禁止敬拜一切自然物，如动物、植物、天体（星星、太阳、月亮）。

禁止同偶像崇拜和自然崇拜的人交往，更不得与之结婚。

禁止敬拜其他宗教的神。

在日常生活行为当中不得对神冷淡轻慢，在饭前和睡前向上帝祷告，否则属渎神行为。

泛爱众人，原宥仇敌，对任何人都不可以恶报。

不嫉妒、不自矜、不做羞耻之事，不谋私利，不轻易发怒。

生活简朴，不奢侈浪费。不吸烟、不饮酒，不被物欲、肉欲所引诱，恪守清规。

信徒不应和非信徒结婚。

严禁一夫多妻或一妻多夫。

妻子不应当离开丈夫。

不得为他人做假见证。

（四）佛教禁忌。

佛教五戒：

不杀生，不邪淫，不盗窃，不饮酒，不妄语。

佛教八戒：

不杀生，不邪淫，不盗窃，不饮酒，不妄语，不眠于华丽之床，不装饰打扮及视听歌舞，不食非时食（过午不食，不超过规定时长饮食）。

佛教十戒：

不杀生，不邪淫，不盗窃，不饮酒，不妄语，不眠于华丽之床，不装饰打扮及视听歌舞，不食非时食，不涂饰香发，不蓄金银财宝。

在不同的国家，佛教的禁忌也有差异。一般说来，佛教徒要忌荤，不吃肉，但在老挝只忌吃9种动物的肉：象、虎、豹、狮、马、狗、蛇、猫、龟。在缅甸，佛教徒忌吃活物，在日本佛教徒忌吃牛肉。而在中国，除了唐代少林寺武僧得到唐太宗的允许可以吃肉外，佛教徒一律吃素，甚至包括葱姜之类的调味品也被视为荤物。

（五）道教禁忌。作为唯一源于中国本土的宗教，道教的戒律种类很多，有300条左右，分为上品戒、中品戒和下品戒。经比较发现，道教的五戒、八戒均与佛教相同。除此而外的其他禁忌还有：忌厌父母师长，忤逆不孝；忌叛逆君王，谋害国家；忌淫乱骨肉姑姨姐妹及其他妇女；忌毁谤道法，轻泄经文；忌污漫静坛，单衣裸露；忌欺凌孤寡，夺人财物；忌耽酒任性，两舌恶口；忌凶豪自任，自作威利。

六、颜色禁忌

五颜六色的各种物质组成了色彩缤纷的世界。人们长期生活在五光十色的环境中，对某些颜色产生了偏爱，对另一些颜色则产生了厌恶。可以说，在认识和改造客观世界的过程中，人们赋予了各种颜色以不同的文化内涵，这是除去其物理属性外更深刻的文化属性，也是语言和文化研究的重要课题。

不同国家和民族赋予不同的颜色以不同的意义，而即便是同一种颜色，在不同的文化语境下其内涵也有很大差异。因而颜色禁忌也大相径庭。

（一）红色。红色在中国是一种传统的喜庆颜色。如红双喜、红灯笼、红嫁衣、红蜡烛、红对联、大红花等均象征着欢乐喜庆、幸福临门。近代以来，红色又被赋予了革命的意义，如红旗、红星、红军、红色政权、红色娘子军、红领章等。红色被中国人赋予了太多的积极和正面的意义。

但红色有时也并不那么受欢迎。如签字时忌用红笔，写信忌用红笔，办丧事忌用红色器物，忌穿红色衣服以表达对逝者的尊重。

在西方，红色更多象征着热烈、刺激、兴奋、勇敢，是火、血、王权和革命的代名词。其反面含义是专横、暴躁和傲慢。红色在西方表示停止，似乎是一种不怎么受欢迎的颜色。

（二）黄色。古代中国帝王穿黄色的龙袍，睡黄色的龙帐，做黄色的龙辇御轿。圣旨用黄色的绫子书写，宫殿的基调是黄色，黄色是中国皇权的象征，因而也成了一般平民的禁忌色，若有大臣穿黄色的衣服，则意味着杀君篡位，欲取皇帝而代之。

在现代中国，黄色被赋予了若干消极的含义，如色情、嫉妒。宣扬色情的书刊被称为黄色书刊，黄色录音带、影碟等被称作"黄毒"，并有不定期"扫黄"运动来打击和消除社会上的不良活动。

在西方，黄色有很多正面的意义。古罗马时代，黄色是宗教仪式中必不可少的颜色。在佛教寺庙，僧侣穿黄色的袈裟。在美国，黄色有思慕远方亲人，期待回家的意思。

（三）蓝色。蓝色给人以安静、清凉的感觉，是大海和天空的颜色。古代蒙古人称自己的国家为"蓝色蒙古国"，称自己的军队为"蓝旗军"。

美国人也喜欢蓝色，创造了蓝色的牛仔装，形容有贵族血统也用

"蓝色的血液"（blue blood）。但是蓝色也有其反面含义，例如抑郁、悲哀、空虚和阴冷。所以在英语中，"蓝鬼"（blue devil）是沮丧、忧郁的代名词。 a person who has the blues frequently指时常患忧郁症的人。另外，blue还用以指"黄色的""下流的"，如"a blue film"指"黄色电影"，"to make a blue joke"指"开一个下流的玩笑"。

（四）白色。在中国的传统观念中，白色代表肃穆、哀悼，是丧葬用色。死人称为"白事"，孝衣用白色。在近代，白色又带上了政治色彩。"白区""白军""白匪""白色恐怖"代指反动势力及其对革命的镇压。

在西方，白色是纯洁、光明和坦率的象征。华盛顿的白宫（the white house）、伦敦的白厅（the white hall）等建筑均向世界表达出一种明快、朴素、洁净的感觉。男士身着白色服装参加活动是很吉利的，也是强有力的象征。婚礼上新娘身着蓝色婚纱，象征纯洁无瑕的爱情。

（五）黑色。作为最暗的色调，黑色通常是严肃、谦虚和隆重的代名词。中世纪黑色备受推崇。在现代的欧美国家，黑色成为丧礼的专用色彩，以表达对死者沉痛的哀悼。这一习俗也影响了中国人，城市中人们往往不再披麻戴孝，而改为胸戴白花、臂缠黑纱，中西合璧，恰到好处。

但在西方国家，黑色也有其消极含义，如black tidings指"噩耗"或"不幸的消息"。black Friday被认为是凶险不祥的日子。black list指"黑名单"。

汉语中"黑"往往与"邪恶、罪恶"同义。如"黑心""黑手""黑线""黑幕"等。

（六）绿色。汉语中绿色引起人们负面联想的是"戴绿帽子"之说。英语中绿色用以表示"嫉妒""眼红",故英语中有green with envy(十分妒忌),green-eyed monster(妒忌的狂魔)之说。而汉语中用"眼红""患了红眼病"来表示嫉妒。英语中绿色还用来表示没有经验、缺乏训练、知识浅薄等,如green hand表示新手,greenhorn表示毫无经验的人。

七、数字禁忌

对数字和日期的禁忌是世界各民族共有的现象。人们忌讳某些数字是因为它们会招致厄运、引发灾祸,数字被人们赋予一种神秘的力量,而且这些观念根深蒂固,人们往往笃信不疑。

(一)"三"。中国有"事不过三"的俗语,指犯错误不能超过三次;在西方,用一根火柴为三个以上的人点烟是大忌。

(二)"四"。在中国、日本等亚洲国家被视为一个不吉利的数字,因其与"死"谐音,是一个不受欢迎的数字。

(三)"五"。在西方人眼里,星期五是个不吉祥的日子,因为这一天是耶稣受难日。人类祖先亚当和夏娃也是星期五这一天被逐出伊甸园的。

(四)"十三"。是一个西方人最为恐惧不安的数字,人们在日常工作和生活当中都极力避开十三。对于个中原因,人们最普遍的看法是,耶稣和其弟子共进晚餐时,第十三人犹大为了三十块银币将师傅出卖,导致耶稣在十三日星期五被钉死在十字架上。

八、动植物禁忌

(一)猫头鹰。在鸟类当中,中国人最忌讳的就是猫头鹰。尽管鸟类专家一再申明,猫头鹰是一种益鸟,但人们还是对它那种近乎人类苦笑的叫声恐惧有加,将其视为不祥的动物。民谚中有"夜猫子进宅、无事不来;夜猫子抖搂翅儿,大小有点事"的说法。

在英语中猫头鹰是一种智慧的鸟,英语中有"像猫头鹰一样聪明"(as wise as an owl)的成语。

(二)乌鸦。在中国北方,乌鸦那毫无韵律感可言的叫声让人产生不吉利的联想,据说澳大利亚人对乌鸦的叫声也有同样的感觉。

(三)猫。猫是人们特别喜爱的宠物,但就其个性来讲,人们都觉得它不忠诚,随时可以改换门庭忘掉原来的主人。西方国家对黑猫却有种种禁忌,认为它如巫婆一样是不祥之物,白猫被认为是幸运的象征。

(四)狗。中西方的人们都认为狗是人类最忠实的朋友和伙伴,西方人更是将狗视为"预言家"。如果一只狗无缘无故地持续呜咽,那是一家中某个成员将遭遇不测的征兆;若是狗毫无理由地狂吠不止,那是邪恶的精灵即将来临;狗在夜间哭嚎,则是死亡与灾难的征兆。西方人还认为狗具有辨别好坏朋友的能力,如有客人来拜访,狗狂吠不止说明来人会带来厄运。西方人忌杀狗,否则会遭受七年的厄运。

九、语言禁忌和中英委婉语比较

委婉语在古汉语中称为"曲语",指说话过程中为达到较好的语言交际效果而迂回曲折,含蓄隐晦。英语euphemism一词源于希腊语的前缀eu(好)和词根pheme(说话),因此,euphemism表示good speech或words of good omen(吉利的话)。可见,委婉语是各种语言共有的语言现象,是一种常见的修饰手段和交际技巧。由于大量语言禁忌的存在,委婉语便作为comfortable words(安慰词)、cosmetic words（化妆词）或gilded words（镀金词）应运而生了。当人们用间接的、抽象的、温和的词语代替直露的、具体的、犀利的用词时，特定的交际效果便随之产生了，因此委婉语可以被称为交际的润滑剂。

委婉语具有重要的社会功能，一方面，它可以维持语言禁忌的效能；另一方面，它可以用来保护良好的人际关系，促进言语交际的正常进行。

由于语言禁忌广泛存在于社会生活各个方面，其相对应的委婉语便普遍存在于各个领域。比如英汉语中关于"死"的委婉语都非常之多，形式多样，各有异同。

汉语中常见的关于死的词语有病逝、永逝、长逝、仙游、逝世、辞世、去世、归天、故去、走了、去了、没了、过去了等。其中仙逝一词的道教文化色彩非常浓厚，因为中国人追求神仙一样的生活，所以把死比作像神仙一样飘然而去，不再在尘世受苦受难了。类似的委婉语还有仙去、仙游、羽化成仙、升遐羽化等。

当代中国信仰马克思主义，因此将共产党人的死说成"去见马克思了"或"向马克思报到"；对于人们敬仰或崇拜的人物，人们用"陨落"来比喻其人的辞世，寄托一种惋惜之情。古时皇帝之死要用"山陵崩""驾崩""千秋之后"来表示；称为革命事业或正义事业而献出生命为"壮烈牺牲""英勇就义""为国捐躯""杀身成仁""舍生取义""光荣献身"等；提及一些大人物的死，则用"百年之后"。此外，汉语中还有以轻言的方式来表达死的概念，如把某人的死说成"老了"。春秋时孔子的弟子子贡把孔子的死说成病——"夫子殆将病矣"。

古时诸侯之死称"薨"，大夫之死称"卒"，将士之死称"阵亡"，佛家之死称"坐化""圆寂"，道家之死称"驾鹤西游"，百姓之死称"过世、作古"等。老者之死称"寿终""谢世",少年之死称"夭折",中年之死称"早逝",倩女弃世称"玉陨香消"。

英语中有关死的委婉语多用了比喻手段,表达了人们的良好愿望,或去天堂,或去极乐世界,归纳起来有如下多种表达:

to pass away /out/over去世, 永别, 与世长辞

to go to a better world 到极乐世界去了

to go to another world 到另一个世界去了

to go to heaven 升天, 仙逝, 进天堂

to depart from his life 撒手人寰

to be gone 走了

to pay one's debt to nature 了结尘缘, 向大自然还债了

to breathe one's last 咽气, 断气

troubles be over now 罪受完了

to be called to God 去见上帝

to rest in peace 安息

to go to one's last home 回老家了

to go west 归西

to end one's day 寿终, 谢世

to expire 逝世

to go to sleep 长眠

to be no more 不在了

to close one's eyes 闭眼, 合眼

to lay down one's life 献身, 捐躯

另外, 死者灵柩停放及安息长眠的地方一般常用mortuary(殡仪馆)、cemetery(公墓)、graveyard(墓地、坟地)来表达, 但因其太令

人伤感，近来已有不少人开始用funeral home 和memorial park 这样的委婉语，以增加温暖亲切、舒适宁静之感，从而给生者及亲朋以情感上的安慰。

委婉语还可以用来避免粗俗的表达，或人们讳言的生理行为，如大小便、怀孕、生产等。使用含蓄而中性的词语取而代之，才能使交际双方避免窘迫。

汉语中关于厕所的委婉语有洗手间、一号、方便的地方等。去厕所大小便的委婉语也不胜枚举，如出恭、大恭、小恭、解手、大解、小解、去走动走动、去方便一下、出去一下、有点事儿等。古代中国人用"更衣"来表示出去方便。

英语中关于厕所的委婉语有powder room, lounge, dressing room, water closet, washroom, convenience, cloakroom, loo, toilet, gentlemen, gents', ladies, ladies', bathroom, restroom, men/men', women/women', comfort station……去厕所则可以用：

to wash one's hands

to powder one's nose

to spend a penny

to go and see one's aunt

to pay a call

to relieve

to relieve one's nature

to go somewhere

to answer the call of nature

to have a BM (= bowel movement)

在聚会或其他活动中还可以用Will you excuse me for a few

minutes?或May I be excused? May I use the facilities? What is the geography of the house? I'm going to do my business. I'm going to my private office等。

人的粪尿在英语中也有雅称，如body refuse, human waste products, excrement等。

在汉语中，人们用有喜、怀喜、有了、有身、身怀六甲、梦兰来表示怀孕。英语中关于怀孕的委婉语也有一些，例如：

to be in a family way

to be expecting

to be expecting a baby

to be a mother

to be an expectant mother

to be anticipating

to be in a delicate condition

to spoil a woman's shape

to eat for two

to wear the apron high

对外表的重视使中西方的人们对长相或身材的缺欠十分敏感，在交往过程中多不愿直说某人的缺陷，免得使人难堪，因此便产生了众多的委婉语。

中国人忌说瘸，而用"腿脚不方便""腿脚不灵活或不利索"；忌说聋，而用"耳背""重听""耳朵不好使"来代替；忌说瞎，而用"失明""盲人"等词语。

西方人说到瘦人，忌用thin或者skinny（瘦骨嶙峋或皮包骨头），而说slim或slender；说到相貌丑陋忌用ugly（丑陋、难看），而说plain-looking；谈到残疾（crippled, blind, deaf, dumb）称作the handicapped 或the disabled；说到老年人，人们讳言old man或old woman，而说senior citizens，因为西方人不喜欢让别人觉得自己垂垂老矣，用elderly或advanced in age更容易让人接受。在这一点上，中国人和西方人观念相反，因此汉语中几乎没有关于老的委婉语。

自古以来，妓女就是一种让人羞于启齿的行业，于是若干委婉语被创造出来以适应社会交际的需要。汉语中有风尘女子、青楼女子、风月女子、姑娘等，如今又出现了小姐、三陪等委婉说法。英语中的prostitute同样也可以用woman of the street, streetwalker, fancy woman, girl, girlie, call girl, joy girl, working girl, lady of pleasure等替代。

随着社会的进步，人们的平等意识不断增强，以往有些社会地位较低的职业被重新认识和界定，一些新的词语便应运而生，用以代替古老的用词，这在一定程度上提升了这些从业人员的社会形象，也提升了整个社会的文明程度。如shoe rebuilder→shoemaker; sanitation engineer →garbage man; funeral directors →undertaker; utensil maintenance man→dishwasher; clothing refresher →washwoman; animal control warder →dog watcher; sanitarians → bus boy等。

对于一些严酷的社会问题，委婉语在中西方一样起到一种中和作用。在中国，往往将失业说成"下岗"，将穷人隐讳地表达为"生活有困难者"，将贫富差距弱化为"分配不公"，腐败官员的巧取豪夺成了"利用手中权力，搞不正之风"等，这类委婉语的应用满足了一部分人的心理需求，却掩盖或弱化了社会问题，其起到的作用是消极的。

在西方，某些人称他们没有穷人"poor people"，而只有needy，underprivileged, disadvantaged, low-income group；没有slums（贫民窟），只有crowded areas；没有depression（经济萧条），只有recession（经济不景气）；学校里没有poor students，只有children with untapped potential等，或below-average students, unachievers等。

委婉语和禁忌语一样，随着社会的发展而不断变化。像其他语言现象一样，有些委婉语正在不断被社会所淘汰，新的委婉语取而代之往往是不可阻挡的必然趋势。

第七章 中西方价值观念对比

第一节 价值观的定义

关于价值观念，人类学家、社会学家、历史学家等都给出过各自不同的定义，其中美国社会学家塔考克·帕森斯（Talcott Parsons）的有关论述最具有权威性。他认为，价值观念"是社会中人们一致接受的象征系统（文化系统）中的一个因素。它是一个社会中各种选择和行为的标准"。

每一种文化都有其独特的一套价值系统，它是一种抽象的思维观念，是生活经验的凝结和提炼。它对人类的活动起着规定性的或指令性的作用，牢牢扎根于人们心中，坚若磐石，挥之不去。这种指令是任何社会或任何文化中的人们都无法回避的，是人们行为的规范、思维的方式、认知的准绳、处世的哲学、演绎推理的模式、道德衡量的标准。人们在不知不觉中通过交际活动习得这套价值系统，并逐渐变成他们的信仰、心态、行为生活等诸方面的可评价系统，变成他们民族性的基石。作为一个抽象的概念，价值观念占据着文化系统的核心位置。对于价值观念的理解应包含以下几个要素：

（一）作为生活经验的总结，它存在于人们的头脑之中，是人们评价言行优劣、审视真假美丑的标准，因此不同的思维逻辑和处事方式反映出不同的价值观念。

（二）价值观念可作为欣赏鉴别的标准，是感情色彩很浓的抽象观念。爱什么、恨什么、赞成什么、反对什么，均是价值观念的具体体现。

（三）价值观念并非行动的目的，而仅仅是选择行动的标准。它并不是治理社会的法律或政策，但它是无形的不成文的规范性准则，是社会运转的强大力量。一个民族如果没有属于自己的价值观，很难想象这个民族还有什么凝聚力。如果一个社会重要的价值观受到削弱，这个社会就会出问题。当年克林顿总统一上任就大张旗鼓地进行各项改革，他说，改革的基本目标就是要恢复被扭曲了的美国价值观。他认为，只有这样，美国的家庭才能健全起来，社会精神才能振兴，美国人的责任心才能得到加强，美国的社会问题才能得以解决，美国精神才能得到弘扬。由此可见，维护传统价值观中的积极成分对社会的安定与正常运转、对政府推行其政策是何等的重要。

（四）价值观为人们提供很强的道德标准，是个人内心良知的核心。美国人类学家露丝·本尼迪克特（Ruth Benedict）在其作品《菊与剑》中，将东方文化称作"面子文化"（shame culture），而西方文化则是"自疚文化"（guilt culture），这体现出中西方道德观的根本不同。

作为东方文化的典型，中国文化中的价值观可以作为观察、比较、分析西方价值观的参照。对这两种不同文化价值观进行比较，可以使人们对其文化价值观减少盲目与偏见。盲目性通常表现在不问国情一味地将他人的文化价值观照搬过来；偏见则往往引导人们偏离事实，产生误解和成见。消除盲目和偏见可以使生活在不同文化氛围中的人们更好地相互了解和沟通，吸收彼此价值观中的积极成分。

第二节　中西价值观比较

中西价值观的差异具体表现在如下几个方面:

一、天人合一与征服自然

中国传统的宇宙观是天人合一, 即人与自然的和谐统一; 而西方对待自然的态度是: 人是世界的主宰, 人的使命是征服自然, 改造自然。在中国, 自从先秦孔子提出"天何言哉"之后, 这一观念在各个朝代都得到了发展, 直到汉代这一思想得以完善, 形成"以类和之, 天人合一也"(董仲舒)和"天人感应"的思想观念。天人合一是指人们对自然规律的顺从和对自然的崇拜。人们将自然中日夜交替、季节变换与人们的生活和活动周期相一致, 在不断循环往复之中与自然达成和谐统一。

构成中国传统文化主干的儒家学说和道家学说都阐述了这种思想。儒家《三字经》说: "三才者, 天地人。"古人称天地人为三才, 这三者自然成为一体。老子在《道德经》第二十五章这样描述人与地、人与天的关系: "故道大, 天大, 地大, 人亦大。域中有四大, 而人居其一焉。人法地, 地法天, 天法道, 道法自然。"就是说, 天地间以天、地、人、道最为伟大, 其中人是效法于地的, 地是效法于天的, 天是效法于道的, 道则是顺着自然规律自成法则的。(刘彦灯, 范又琪译著《道德经 百喻经俗译》(华中理工大学出版社, 1990), 第68—69页)这里没有主宰一切的上帝, 也没有人与自然之间的征服和被征服的对抗关系。人是自然的一部分, 而且也和自然界一样是宇宙的产物。《道德经》第四十二章说: "道生一, 一生二, 二生三, 三生万物。

万物负阴而抱阳, 冲气以为和。" 即是阐述人与自然这种平等和谐的关系。

"天人合一" 的观念在中国文化传统中根深蒂固, 逐渐渗透到社会生活的各个领域, 不仅影响着人们的思维方式和行为方式, 也融入到许多社会活动和文化成果之中, 成为一种思想特征。它在不同领域的具体表现方式各有特色, 或呈现为实践活动的某种理念, 或体现为器物形态和文艺创作中的某种寓意。

(一)"天人合一" 的观念在中国古代农业发展中起了重要作用。农业生产主要是 "靠天吃饭", 因而要协调好天地人三者关系。就农业生产与天的关系而言, 关键在于不违农时, 按照农作物生长规律安排农事。强调因地制宜, 农时要随地域和土质不同而有所变化。不仅如此, 中国古代还很早就出现了生态学思想的萌芽, 即注意到了生物物种之间的平衡与协调。《国语》中说: "若夫山林匮竭, 林麓散亡, 薮泽肆既, 民力凋尽, 田畴荒芜, 资用乏匮, 君子将险哀之不暇。" 这正是对破坏生态环境可能出现的灾难性后果的警示。天地人和谐的观念和生态农学思想贯穿整个中国古代农业发展史, 这是造就高度发达的耕作水平和生产技术的重要思想基础。

(二)体现 "天人合一" 观念的另一个主要领域是文学艺术。文学创作中追求物我交融, 以天人和谐为臻美境界, 外师造化, 中得心源。庄子是这一思想的典型代表, 他所追求的境界是 "天地与我并生, 而万物与我为一"。(《庄子·齐物论》)"与人和谐, 谓之人乐; 与天和谐, 谓之天乐。……知天乐者, 其生也天行, 其死也物化。静而与阴同结, 动而与阳同波。"(《庄子·天道》)于是才有气势磅礴的 "逍遥游", 才有物我两忘的 "蝴蝶梦", 才能从大风中体会出 "自然的箫声", 才能从 "不材之木" 中发现 "无用之人用"。庄子在中国文学艺术上具有深刻的影响力,其根本原因恰恰在于对"天人合一"的独特理解和揭示。古代文学作品中,从《诗经》到《楚辞》,到唐诗宋词再到元曲以至明清小说,"天人合一"始终是一个主旋律。李白的诗是体现这种"天人合一"境界的典型代表。他既有"黄河之水天上来,奔流到海不复回"这样大气磅礴的高歌,也有"花间一壶酒,独酌无相亲。举杯邀明月,对影成三人"这样物我交融的低吟。朱熹的诗句"半亩方塘一鉴开,天光云影共徘徊。问渠哪得清如许?为有源头活水来"描绘了池塘景象,却将之冠以《观书有感》的题目,知情意有机结合,相映成趣。"天人合一"的极致境界,可以使诗人形成所谓"通感",创作出富有独特意境美的名篇佳句。

(三)中国古代的绘画和书法同样渗透着"天人合一"的精神。传统文化强调整体,注重人与自然的和谐一致。中国古典绘画中肖像画少于山水画。而西方绘画中,人物形象则通常处于非常突出醒目的位置。肖像画在西方绘画艺术中占重要比重,画面以个人为中心,通过丰富的脸部表情和身体姿态着重描绘和表现人物的心理状态和性格。中国的山水画往往以景寓意,从自然景物中体现天人和谐、天性超然的境界。即使是花鸟虫鱼也要渗透天意,即隐喻人的高尚精神。"岁寒三友"松、竹、梅象征人的高尚气节,荷花象征人"出淤泥而不染",松柏象征品质高尚。大画家吴昌硕画《松菊图》,旁题"老松长寿,黄花耐久,石头通禅",即是提取自然物中的永恒意义。中国传统国画,一般画的是深山幽谷,小桥流水,巨石老树。在山腰或树丛中,可能会有一间茅屋。人物不是主要的,也许只有一个很小的、孤独的人站在一个不显眼的角落里,凝望着远山,或坐在小船上垂钓,但看不到人物面部的细微表情。这样的画所反映出的思想恰恰是人与自然的交融和人在自然面前的渺小。

（四）"天人合一"观念的演变、丰富和发展，经历了一个漫长的历史过程。中国古代长期保持着自然经济的模式。唐代皇帝在"劝农诏"中反复讲"农，政本也；食，人天也"，将"民以食为天"上升到国家基本政策的高度，体现了"天人合一"观念的深刻影响。自给自足，尽可能利用自然资源和天然材料，靠山吃山，靠水吃水，很少进行交换和流通，当然带来很大的封闭保守特性。浓厚的敬天情感和丰富多彩的拜天习俗是这一观念在民间生活中的体现。

中国的传统节日春节、清明节、中秋节、重阳节等，根据时令节气制定，无不与天有关。这同西方的与神与人相关的节日有明显的不同。隐藏在中国人内心的集体无意识当中的是对天深深的敬意，这种敬天意识已成为深入人心无法磨灭的精神文化形态，根深蒂固，无时不在。实际上，几千年以来，人们在生活中的各个侧面都力求与自然统一，达到顺其自然的境界——无论是政治、思想、情感还是实践活动等各方面均是如此。人们做事情讲究"谋事在人，成事在天"，追求天时、地利、人和，畏天知命，变已适应。

进入到现代社会，在大多数中国人的头脑中，"天人合一"是一个似乎只与传统文化相关的文雅词汇，甚至成为人们批判和排斥的对象，但是人们的思维与行为仍深受"天人合一"观念潜移默化的影响。作为一种文化特征，它在巨大的外来冲击下或许已经改变了其外在形态，但更多的是向更高层次的"天人合一"的复归。

在西方的文化发展过程中，"征服自然"作为一个明确的思想命题，是在近代工业商业活动兴起时才出现的，然而其源头可以追溯到古希腊。柏拉图和亚里士多德等人把大自然看成是永远变化中的世界，把人类的力量看成是永恒不变的，自然界只是人类的外表。自然界的变化是可以通过人的理性来解释的。也就是说，人类可以改

161

造自然，征服自然。西方文明的一大支柱古希腊罗马神话中这样的例子比比皆是。作为西方文明另一支柱的《圣经》说，上帝既创造了人又创造了自然，也就是说，在上帝、人、自然这个三角关系中，上帝起着支配作用，人与自然则处于从属地位。上帝无往不胜，无所不知，无处不在。人与自然在上帝面前是无能为力的。但是，上帝创造人与自然之时，把人造成强于自然、超越自然之物。《圣经旧约》的"创世纪"说："上帝就照着自己的形象造人，乃是照着他的形象造男造女，上帝就赐福给他们。又对他们说，要生养众多，遍满地面，治理这地。也要管理海里的鱼、空中的鸟和各样行动的活物。"人类主宰自然，创造自然，人类是自然的主人。

西方文化中征服自然的倾向，表现在社会生活的诸多方面。比较明显的是出于生存和经济目的而对大自然进行的大规模改造，对自然界能源和资源的掠夺性开发，以及由此造成的对环境和生态的破坏。同时，"征服自然"的观念还渗透到诸如文艺、建筑、民俗等领域。在这些领域里，自然的因素被尽可能多的人工所代替，并以此作为文明的标志和象征。

"征服自然"的观念主要体现在以下三个领域中：

（一）人类物质生活和生产领域。西方有一种具有悠久传统的倾向，那便是人造物取代自然物，比如以车代步，对空调的依赖，色素、防腐剂、激素，甚至转基因食品、克隆技术等。可以说，在人们衣、食、住、行的各个领域，几乎很难再见到纯粹的天然物了。当人们对这些东西渐渐习以为常，便很少意识到，正是这样的"征服自然"，使得人类远离自然，造成工业污染，体力下降，甚至出现种种疾病，打乱了人们生理的自然节律。看似现代化的生活，却处处隐藏着危机甚至灾难。

自然资源和能源的总储量是有限的，且具有不可再生性。石油、煤、天然气等石化资源是一次性能源，消耗完了便无法补偿，并非取之不尽、用之不竭。不计后果的掠夺性开采，毫无节制的开发利用，使得危机频发，前景堪忧。在没有找到储量充足的替代性能源之前，原子能、太阳能、风能、地热能等都只能解决局部问题。

人类征服自然还体现于工业生产对生态环境的破坏，这已成为大众传媒热议的话题。随着中国现代化进程的加快，传统文化中"天人合一"的观念正在发生一种可怕的扭转。温室效应、厄尔尼诺现象、水污染、土壤沙化、臭氧层空洞、水土流失、沙尘暴、物种减少、噪音和光污染、放射性污染，近年来出现的雾霾，一系列严重的问题都是大自然对"征服者"的"报复"。

（二）建筑领域。西方传统建筑的思想内涵是"神人合一"，与中国古代建筑的"天人合一"的思想内涵不同。前者有更多的人为元素和人工成分，力图表现神性或人文特征的同时，用人为手段抹去了自然的痕迹。

西方建筑给人最为突出的感觉是气势宏大、装饰豪华、工艺精美。如古希腊的帕特农神庙、古罗马万神庙、巴黎圣母院、凡尔赛宫、凯旋门、英国议会大厦等，这些建筑多采用石材，坚固耐用，可以历经多年而保持原貌。其整体设计严整有序、结构匀称、节奏感强，随处可见各种图案规则的浮雕、彩绘和各种人体雕塑。学者刘天华曾对西方建筑的文化内涵做了这样的阐释：为了表示出永恒的意念和与自然相抗衡的力度，西方古典建筑每每非常强调建筑的个性，每座建筑都是一个独立、封闭的个体，常常有着巨大的体量与超然的尺度，远远超出人们在里面举行各种活动的需要。在造型上，西方建筑更体现出与自然相抗衡的态度。如强调砖石结构的体量，强调矩形、三角形或圆形的几何性，强调凸曲线或凸曲面的外张力，特别是那些常见的巨大穹顶，更是赋予建筑一种向上伸展与向周围扩张的性格。

（三）园林建造领域。西方园林也强调人工高于自然，法国的凡尔赛宫就是这种思想观念的集中体现。道路、花坛、水池、喷泉等设计规整、严谨，是自然服从于人力设计的典范，完全不像中国南方的园林。中国园林更讲究随自然而流动，尊重景色的天然布局，并在自然基础上稍作点缀和润色。

在西方近现代征服自然的行为产生了明显的消极影响和负面效应之后，人们开始了对生态环境问题的深刻反思，围绕有关人和自然的关系问题出现了很多新的见解。英国著名学者汤因比提出以崇高的精神力量驾驭科学技术的发展，从东方崇拜自然的宗教中寻求良药来医治西方人的贪欲。美国当代环境伦理学家罗尔斯顿深入讨论了自然的价值和人对自然的道德义务，将道德的对象从人类扩展到了自然。诸如此类的观点，代表了现代西方自然观的重要思想转向。

中国文化的"天人合一"与西方社会的"征服自然"这一对相悖的文化观念不仅影响着人与自然的关系，更影响着人与人的关系，同时也曾在思维方式上决定着中西方的巨大冲突。但是，两者正趋向于相互补充和吸纳融合，如何在现代条件下实现"天人合一"，如何以生活为中心实现技术人道化，从而构建新的天人关系，成为21世纪人类共同关注的课题。

二、群体取向和个人主义

"群体"是由许多不同的"个体"组合而成的。"个体"则是"群体"的一部分。中国古代儒家是比较重视"群体价值"的。《礼记》中讲:"大道之行也,天下为公。"《荀子·不苟》也说道:"公生明,偏生暗。"以家庭为基础单元的社会结构形式决定了中国人的社会存在首先依赖于以血缘关系为纽带的家庭和宗族集团,它在这一切初始亲属集团中享有某种集团之外无法得到的安全、连续和持久的地位,于是被固定在这个关系网上,在这里满足一切社会性需要,也履行各种必不可少的义务。这种态度的一个主要产物即是对家族及其延伸的群体,如宗族、乡党的依赖心理。在个体与群体利益发生冲突时,群体利益永远要高于个体利益。所谓"忠孝不能两全""官身不自由"等,都说明了这种一以贯之的群体至上、以公抑私的价值取向。

群体取向的必然结果是,中国人相互依赖、相互合作,"关系"至关重要。人们相互依赖达到万事必须凭关系的地步。群体取向的积极影响表现在中国人谦虚谨慎,相互合作,讲究集体主义;将公而忘私、大公无私、克己奉公、忘我工作奉为最高道德标准。将社会和集体置于个人之上,将个人利益无条件服从集体利益作为衡量人是否道德高尚的尺度之一。成功之时,往往会把功劳归于集体、环境、他人的帮助(当然失败时也易怨天尤人)。其消极影响在于造成人们缺乏个人进取精神,缺乏个人竞争意识,把拉"关系"当作处世哲学和生活指南,过分强调"人脉"在个人成功之路上的价值和作用,以致走向极端,将"关系学"当作制胜法宝,知识和能力则退居其次,从而削弱了社会的进取精神和正向能量。

与中国长期保持的以自然经济为主的农业社会不同,西方世界早在古希腊时期便形成了农业、手工业、商业并重的经济结构,商品经济和社会分工都已十分发达。随着工商业阶层的崛起,以平等交换为基础的商业原则促进了希腊人个体意识的觉醒和成熟,由此孕育出西方人个体本位的文化精神。亚里士多德指出,一个人最高的善在于自我实现。伊壁鸠鲁学派则充分肯定个人追求快乐享受幸福的要求和权利，肯定个人的尊严和价值，肯定个人权利，倡导自由精神，鼓励个人创造性的发展，并以个人所表现出的勇敢、力量、智慧为最高的人格体现。

文艺复兴时期的诗人但丁首先响亮地宣称"人的高贵，就其许许多多的成果而言，超过了天使的高贵"，鲜明地提出了"人为了自己的目的，而不是为了别人的目的而生存"的个人主义思想。此后，以个性解放和重构人的主体性为核心的人文主义思潮成为西方文化的主流。到18世纪，启蒙运动的思想家们更是高扬起人生而自由、生而平等的"天赋人权"的旗帜，并使之在法、美等国的法律中固定下来。进而，在20世纪西方思想领域独占鳌头的存在主义哲学则以每个人都可以自由选择自己的本质，人必须对自己负责的命题把西方文化中的个人主义价值观发挥到了极致。

因此，西方人，尤其是美国人心目中的英雄往往有成功的个人事业，往往是有个人魅力和超人的才干的。他们并不强调集体的概念和公而忘私的精神。美国著名学者罗伯特·贝拉（Robert N. Bellah）所撰写的《心灵的习性》（Habits of the Heart, 1996 ）一书中说："个人主义是美国文化的核心……我们相信个人的尊严乃至个人的神圣不可侵犯性。我们为自己而思考，为自己而判断，为自己而决策，按自己认为适当的方式而生活。违背这些权利的任何事情都是道德上的错误，都是亵渎神明的。对于我们自己，对于我们关心的一切人，对于我们的社会和整个世界，我们最高尚的愿望都是和个人主义息息相关的。然而，正如本书一再指出的，我们自己及我们社会的一些最深层的问题，也是同个人主义密切相连的。我们不是应该摒弃个人主义，因为那将意味着放弃我们最深刻的民族特性。"

"天助自助者",西方人相信自己能够拯救自己,个人尊严不可侵犯,个人权利不可剥夺,个人的力量无限,自由竞争强者胜,寻求表达自我,自力更生,自我完善,个人奋斗。在美国历史、文学、大众文化中,英雄伟人无不靠个人奋斗获取成功。被称为第一个美国人代表的富兰克林、"从木屋到白宫"的林肯总统、讴歌人的力量无限的思想家爱默生、西进运动中的拓疆英雄丹尼尔·布恩以及西部片中的牛仔和侦探小说中的私人侦探等,无一不是典型美国精神的代表。

三、泛道德主义和法律至上

在人类的思想发展史上,人性问题一直是思想家们所关注的重要问题之一,它既源远流长、广泛深入,又丰富多彩、连绵不断。中西方哲学家对人性问题做了艰苦的、认真的、反复的探讨,提出了种种见解,进行了激烈的论争。作为中西方哲学的一个核心问题,它是人生哲学、伦理道德学说和社会政治主张的理论基础。

中国人传统的人性论是性善为本,这种人性论来源于孔子思想。他指出,"性相近,习相远"。从他的"仁者爱人""为仁由己",以及"安于现状"的原则来看,孔子主张性本善。孟子发展了孔子的学说,注重发扬人的"恻隐之心""羞恶之心""辞让之心",以及"是非之心"等与生俱来的善性。"人之初性本善"是中国文化中基本的人性论。

与"性本善"的人性论相反,影响西方基督教的人性论是"人之初性本恶",人们认为自己在上帝面前是有罪的,这被西方学者广泛称为原罪说。即人之初之际,因为亚当和夏娃在伊甸园偷吃了禁果,犯了原罪,失去乐园,坠落到万恶的现世来经受苦难。在世上只有悔罪,才能在基督再世的审判末日得到解脱。正因为对人性的不同认知,才出现了泛道德与法律至上的分野。

在任何一种民族文化中,法律与道德都是其社会成员行为模式的最基本约束形态,两者共同体现和维护特定的文化价值,两者也同样影响和规定着人们的行为,属于社会规范系统,只不过其运行机制和方式不同而已。法律体现国家的权力意志,道德更多体现约定俗成的社会行为方式;法律用国家强制手段在行为层面上发挥作用,道德则以感召的手段,在行为和思想信念层面上施加影响;法律用理性建立社会公正的客观行为规则,道德凭良知建立内心的是非观念。

中西文化在价值选择和规约方式上的不同选择,正是基于对人性的不同认识,这是我们深入理解两种文化精神的重要观察点,是解读两种不同文化背景下社会成员观念和行为模式的主要视角。

中国伦理道德以价值为本位,由中国传统家庭衍生出来的道德价值网络,首先是儒家所创造的"亲亲"原则和由此产生的"孝"的价值观念。

中国古代宣传"孝悌"观念的绘图

在以家族为本位的社会中，所有的社会组织者以家庭为中心，人与人的关系也是家庭关系的延伸。"亲亲"原则的建立不仅把家提高到人生最重要的生活群体地位，而且把维系家庭血缘和群体感情的孝悌观念确定为最具普遍性的伦理模式和最高的道德价值。

《论语》中说："孝悌也者，其为仁之本与。"《孟子》说："孩提之童，无不知爱其亲者，及其长也，无不知敬其兄也。"亲亲原则和孝悌原则的内在联系可从这两句话中体现出来。人应该以爱自己的父母为起点。《孝经》把这一观点表达得更为明确："不爱其亲而爱他人者，谓之悖德；不敬其亲而敬他人者，谓之悖理。"亲亲必从孝开始，也即"爱有等差"，爱分远近、亲疏、厚薄，中国人的"熟人""圈子""关系"等风气即发源于此，中国文化中至今淡化不掉的等级观念也与此相关。

秦汉以后，封建统治定于一尊，出现了高度的专制政体。以家族为本位的道德价值观随之扩大，推衍到"忠"——忠君的思想。《祭统》说："忠臣以事其君，孝子以事其亲，其本一也。"经过统治者的提倡、强化，终于把二者合为一体，二者成为传统道德价值系统中不可或缺的重要组成部分和核心要素。

配合家族本位的以忠孝为核心的道德价值再往下发展，便是道德价值的系统化，即五伦与三纲。五伦是就人与人的关系而言的，指父子、夫妇、兄弟、君臣、朋友。《孟子·滕文公上》中表述道："父子有亲，君臣有义，夫妇有别，长幼有序，朋友有信。""三纲"是维护封建统治阶级的总纲，是维系封建制度的三条线索，即"君为臣纲，父为子纲，夫为妻纲。"而封建礼教提倡的人与人之间的道德规范是"仁、义、礼、智、信"，即五常。

中华民族传统的道德规范中，精华与糟粕并存。其中传统美德是传统道德规范体系中的基本内核或合理内核。它是指在自觉的或习俗的道德规范中,那些为多数人接受并实际奉行的,而且是古今一以贯之的,在现代仍发挥积极影响的那些德目。但它们往往主要限于士大夫精英阶层,对普通民众影响有限。道德资源缺失让绝大多数人成为消极被动的围观者,即鲁迅先生所描述的"看客"。中华民族传统美德不是传统道德规范的简单移植,而是改造和提升后的一些传统。

学术界对中华民族的传统美德做了如下概括,包括十个方面:

(一)仁爱孝悌。其中"仁"是世俗道德生活中最普遍和最高的道德标准。"仁"的核心是爱人。孝悌的基本内容是父慈子孝,兄友弟恭。它虽为统治阶级所利用,但作为中华民族的共德和恒德,对家庭关系、社会稳固起到了极为重要的作用,也是民族团结和社会稳定的基石。孝悌之情扩展开来便是忠恕之道,其基本要求是以诚待人,推己及人。"爱人、孝悌、忠恕"构成了仁德的基本内容,也是中华传统美德的集中体现。

(二)谦和好礼。"礼"是中国人立身处世的美德,也是治国安邦的根本。礼让、礼节、礼貌是中华民族的美好情操。"谦和"源于人的辞让之心,教人在荣誉、利益面前谦让不争。

(三)诚信知报。以诚为基础,中国人形成了许多相关的美德,如为人诚实、待人诚恳、忠诚于事业。"信"即守信用、讲信义。"报"即知恩图报,报答父母养育之恩、长辈提携之恩、朋友知遇之恩、国家培养之恩,更有"受人滴水之恩,当以涌泉相报"之说。"知报"是中国人在漫长的文化积淀中道德良知的重要组成部分,是质朴道德的重要表现。

(四)精忠爱国。深厚的爱国主义情感,是中华民族在长期生存和发展中逐步凝结成的对祖国深厚的爱国主义情感,是一种民族气节和浩然之气。在封建社会,它与"忠君"紧密相连,具有时代局限性。把君王视作国家的代表,实际上反映出了一种深层的国家意识。"精忠报国"的精神将中华民族凝结成一个牢不可破的整体,成为推动民族发展的巨大精神力量。

(五)克己奉公。家族本位的社会结构和礼教文化的传统培养了人们一种集体主义精神,"克己奉公"便成为一种美德。"克己"即克制己私,服从整体,超越自我,一心为公。这种集体主义精神被统治阶级所利用成为了封建专制的工具。

(六)修己慎独。中国传统的"人性本善"论深信,人的天性中已经具备了道德的一切要素与实现道德价值的可能,只要不辍修身,反躬内求,便是道德的完成。因此,律己修身,向内探求,便可维护人伦关系和整体秩序。传统道德历来有"慎独"的告诫。所谓"慎独"就是在独处时要严于律己,力戒贪欲,谨慎不苟,凭着高度自觉,按道德规范行事。作为儒家的一个重要概念,慎独讲究个人道德水平的修养,看重个人品行的操守,是儒家风范的最高境界,是君子人格的标志之一。

(七)见利守义。义利关系的处理集中体现了中华伦理道德的价值取向。先义后利,以义制利是传统义利观的基本内容和合理内核,是中华道德精神的精髓,每每升华为"舍生取义,杀身成仁"的崇高道德境界。

(八)勤俭廉政。"俭以养德",即是对为政者的要求,也是一般人应有的品德,是中华民族共同的价值取向。

(九)笃实宽厚。农耕社会的传统决定了中华民族质朴务实的品格,以"实"为标准,反对虚伪、虚妄。在为人处世中一向以宽厚为美德，严于律己、宽以待人。在推己及人、将心比心的互动中达到人伦的和谐与人格的实现。正是笃实宽厚的美德才孕育了民族精神的崇实性和包容性，成为多民族和谐相处、和睦共生的源泉，缔造了连绵不绝的民族历史，激发了生生不息的民族活力。

（十）勇毅力行。孔子以"知、仁、勇"为德。"毅"是在艰难困苦中坚持下去的恒心以及在遵循道德准则方面的毅力。"富贵不能淫，贫贱不能移，威武不能屈"的大丈夫人格便是以坚毅、勇毅为基础和前提的人格的完善。社会的进步，重在力行，知行统一，方可成圣成仁。

传统美德完整地概括了人与自身、人与他人、人与群体三个方面的关系，是经提炼和升华后得到的中华民族道德人格的精髓，是民族生存和发展之根。在肯定和弘扬传统道德规范的同时，我们必须冷静而理性地认识其消极和负面影响，并对之进行剔除或扬弃。尤其是现代化社会与道德至上观念的碰撞和冲突不断带给我们以新的启示，要求在从传统文化中汲取营养的同时，时时注入新的内容，唯有如此，传统伦理道德才可以在现代化文明变迁过程中摆脱深刻的危机，成为民族文化繁荣发展的源头活水。

时代发展到今天，中华传统道德和现代社会之间发生了严重的冲突，表现有三：

其一，对个人的规范和自制、约束，对个体的自我反省和自责，使人一生都在追求一种自我设计的道德世界，阻碍了个体意识的觉醒和个体的自由发展，使中国人守旧、封闭、畏惧变革的传统心理和习惯的形成成为必然，这种对人的主观能动性的压抑与中国现代化的要求和目标显然是背道而驰的。

其二，封建宗法社会强调的尊卑长幼观念在现代社会中依然持续产生着影响。尊官贵长，屈从权威，唯命是从，但求开恩，这些是与现代民主精神相互冲突的。

其三，在多元的社会生活中，人的活动丰富多彩，道德标准也在与时俱进，不变的道德框架和泛道德主义的排他性使人的创造潜能和精神活动范畴受到严重阻碍和限制，在发展的某个环节会出现价值观的混乱和群体的迷思。

总之，中国传统的宗法社会以血缘关系作为社会纽带，以封建君主为最高家长，社会治理以德为核心、以礼为载体，塑造了中华文化的基本人格，形成了礼制传统，对后世中国政治产生了深远的影响。直至今日，社会关系的有机性、变通性依然比较明显。人际矛盾一般通过伦理道德来解决，行政与执法合一，人治倾向较为明显。办事往往因人而异，岗位往往因人而设。民众将整治社会秩序的希望寄托在有魅力的官员和首脑身上，对清官一厢情愿的善良期望、将执政者"神化"的倾向至今犹在。这和建立现代社会政治、经济、文化结构和新秩序显然是相悖的，值得我们深刻反思。

礼法要求"非礼勿言，非礼勿视，非礼勿听，非礼勿动"，这是"以法制国"而非"依法治国"的形象写照。它在约束民众自由的同时，要求民众履行义务，将权力置于法律之上，权大于法，王权和官僚系统被赋予超越法律的地位，"刑不上大夫""为政全在得人"的传统执政理念需要几代人的努力去摒弃和破除。

在西方，人的"原罪"说表明人性自私的观点得到普遍的认同，但他们相信人类可以依靠理性控制恶行。马基雅弗利的著作《君主论》即是以此作为主要人性论依据，从经验与事实出发提出性恶论，他说："任何人要建立国家，制定法律，他就必须假定所有人都是恶的，只要有机会，就会依这种恶之本性行事。"这恰恰是西方社会相信"总统是靠不住的",必须依赖法律制度的心理基础。

西方社会的价值选择突出表现为个人主义这个核心内容。在处理人与社会的关系过程中,以天赋人权为基础,刺激个人主义的发展。个人主义在理论上得到支持,在法律上得到保护。从罗马帝国到中世纪乃至现代社会,一脉相承的对于个体基本权利的尊重决定了其法治的终极追求,即是否符合人性趋利避害、求生恶死的本性,是否体现人人平等,认为这样的法才符合自然法的精神。

西方人"天赋人权"和"人人平等"的价值观构成了法律制定所必须遵循的首要原则。公共权力和国家政治是最值得警惕的对个人权利构成侵犯威胁的力量。人们耳熟能详的一句话"管得最少的政府是管得最好的政府"便是一种普遍的政治态度的真实表达。私权利在法律上的保障与个人主义的道德价值观互为呼应,使得个人主义行为和思想不断膨胀。正如法国诗人维尼所说的那样:怯懦的动物总是成群结队,诗人的步态如雄狮独步荒野。

对个人自由和个人权利的过分崇拜已然在一定程度上阻碍了垄断资本主义的发展,其负面作用主要表现为无政府主义和经济发展的无序状态。进入21世纪,世界政治、经济、科技状况发生了重大变化,各领域合作交往频繁,对于社会利益和国家利益的维护成为一种必然趋势,如何做到社会成员个人利益的实现与公共利益的维护并行不悖,是当今西方面临的严峻课题。

四、中庸之道与好战健斗

中国文化从群体价值目标出发,将协调人际关系放在社会生活的首位。《中庸》中讲道:"喜怒哀乐之未发,谓之中;发而皆中节,谓之和。""隐恶而扬善,执其两端,用其中于民。"用它来引导百姓,使民不争、不怨、不越、不怠、不失职、知足、慎独，从而"欲而不贪，泰而不骄，威而不猛""文质彬彬，然后君子"。

孔子在《论语·雍也》中说："中庸之为德也，其至矣乎! 民鲜久矣。"肯定了中庸是最高的道德。实际上中庸不仅是行为规范，而且也是价值标准。"过犹不及""允执其中"等是中庸的基本原则。宋代理学家程颢、程颐说："不偏之谓中，不易之谓庸。中者，天下之正道；庸者，天下之正理。"将中庸看作是"正道""正理"，更突出了中庸作为价值标准的一面。

中庸之道不但是儒家的价值尺度，也是道家的行为策略。最能体现道家中庸思想的是老子的"不敢为天下先"。在《老子·第六十七章》中说道："我有三宝，持而宝之。一曰慈，二曰俭，三曰不敢为天下先。"按照常规不偏不倚行事，这就是道。道家柔弱、守雌、处下、不争、无为等人生态度皆出于中庸思想。有人曾说，道教使中国人处于游戏状态，儒教使中国人处于工作状态，传统中国人幸福的理想并非西方人所讲的施展个人之所长，而在于享受简朴的田园生活，求得各种社会关系的和睦。

中庸最大功能在于调节和调和，天、人都是靠此安身立命。老子是"极高明而道中庸"的艺术家，他看到人生的两极——如进与退、盈与虚、福与祸、智与愚等无一不是择乎中庸而以求均衡。

中庸之道要求人们按照一定的道德规范和价值标准自觉调节个人的思想情感和言行，使之不偏不倚，无过不及。"居上不骄、为下不倍（背）"，坚持"中立不倚"，以此达到人际关系和社会秩序的平衡。它成为中国人几千年来奉行的处世哲学，是诸如"枪打出头鸟""木秀于林，风必摧之""出头的椽子先烂""树大招风"等许多俗语和人生格言的抽象和理论化表达。封建社会的专制统治将"中庸"作为维护传统等级社会秩序稳定的理论工具，要求人们不走极端、不该有超出常规的言行、不能对社会秩序进行激烈的变革，这恰恰是阻碍社会进步的一个保守因素。这和西方人一味追求科学、追求真理的执著，穷追猛打、竭泽而渔的求真务实形成了鲜明对比。"中庸""适度"的世界观作为方法论深入到中国人社会生活的方方面面，但因其缺少终极关怀而极易在现实中扭曲变形。"人为刀俎，我为鱼肉"，这种中庸和平导致的困境和悲哀已足以让中华民族在痛定思痛中反省和醒悟，也让个体在"不争之德"中吃够了自欺欺人和任人宰割、受人压制的苦头。

不争之德、柔弱之道，这两种老子的意味深长的教诲被鲁迅先生深刻地揭示为国民性中最卑劣的成分。中庸的"中"是从容中道，不偏不倚；"庸"是不求超越，自甘平常。"庸者"，不显山露水，有节制、讲火候。作用在中国人的思维方式和文化心理上，形成了中华民族性的基本内核。当它作用在人与自然、国家与国家的关系上时，其妥协、退让同西方人的好战健斗相比，就显得非常可悲和危险了。人们重节制、求平稳的结果是老成持重、世故圆滑、妥协折中、谦虚隐忍、随遇而安、明哲保身、知足常乐、安分守己、适可而止。中庸人格在中国社会蔓延，这固然为社会和谐做出了贡献，但由此衍生的不思进取、拒绝变革的文化氛围消融了中国社会进步和发展的动力，使中国的现代化进程受到一定程度的阻碍。

西方文化的精神内核则是以个人主义和个人权利为出发点和落脚点的。"利"和"力"是全社会一致推崇的健康价值，为追求现实功利，平等的竞争是必不可少的。也唯有竞争，才可能保证最大利益和最大价值的实现。不断奋斗，甚至不惧冒险，才能获得良好的生活条件，提高个人的社会地位。商业竞争和战争的对抗和征服使西方人好勇尚武的精神不断发扬光大。

五、人性本善与人性本恶

人性指人区别于动物的根本属性。

中国传统的人性论来源于孔子思想,孟子发展了孔子人性本善说。在《孟子·公孙丑上》中孟子说:"人皆有不忍人之心。"他提倡人应该发扬的"恻隐之心""羞耻之心""辞让之心"和"是非之心"等与生俱来的善心。"人之初、性本善"是中国文化中基本的主流的人性论。

西方基督教的人性论与中国传统人性论恰恰相反。他们认为自己在上帝面前是有罪的。据《圣经》的描述,在人之初之际,亚当与夏娃偷吃了禁果,犯了原罪,失去了乐园,坠落到现世忍受苦难,这就是被西方人称之为原罪说的性恶论。

人性自私的观点在西方文化中得到普遍认同,但他们相信理性的力量可以控制人的恶行。正如马基雅弗利所说:"任何人要建立国家,他就必须假定所有人都是恶的,只要一有机会,就总要依这种恶之本性行事。"(《罗马史》第一篇第三章)正如前面所言,这就是西方社会相信"总统是靠不住的",必须依赖法律制度的心理基础。

人性善恶并非静止不变,恒定如一的,善和恶是可能会互相转化的。因此,在中国和西方文化中,人性中恶的成分是需要时时加以控制和管教的。但如何保持善?传统中国文化注重内省和人格完善的修身哲学。在"仁"这个中心目的和最高标准下,又以礼作为一切行为的标准,强调"非礼勿视,非礼勿听,非礼勿言,非礼勿动"。

而在西方,人人以原罪作为起点,为了变成好人和善人,制定了一系列法律来治理上帝的臣民。一切行为必须在法律范围内进行,否则会被绳之以法。这是一种硬性的约束，没有任何变通和退让的余地。这一点在传统的中国文化中也是难以想象的。

在中国传统文化中，一方面是对法律的冷漠和疏远，另一方面是对温文尔雅的礼治的接受和依赖。中国封建社会的乡规民约和特有的家法就显得特别发达。在推崇礼治、德治的背景下，社会上形成了以礼的精神、德的精神处理民间纠纷的理想。凡属家族内部纠纷，一般族内自行解决，"家丑不可外扬"。这样，家法的有效性和家族的面子都能得以保全。中国文化的精神基础不是宗教，而是伦理。

西方的法律是捍卫人生而具有的权利的保障，法律面前人人平等。在激烈的政治竞争、经济竞争、种族矛盾和社会民事纠纷中，法律充当公正的裁决者。绝对的公正是没有的，但是西方民众并不把社会对自己权利的侵犯视为合理，他们要奋起反抗，用法律保护和捍卫自己的权利，在斗争中他们又依赖法律，每一次斗争的成果都是一次法案修改的实现。例如在欧洲和美国，黑人和妇女争取平等和公平自由的努力从来没有停止过，这促成了西方法制建设的动态机制，也使西方社会的公共生活和人际交往呈现出严密的秩序性。

法律和规则以及宗教的忏悔意识、赎罪情结共同作用，使社会形成了一种遵纪守法、严守规则的文化环境和传统，有力地促进了西方社会政治、经济和文化的发展。

第八章　中西方思维方式和语言差异对比

第一节　语言和思维的关系

一、思维对语言的作用

思维是人脑的一种功能，是人脑对客观现实的反映，是人类对客观世界认识能力的一种体现。在两者的相互作用过程中，思维对语言的作用是决定性的。思维方式的不同决定了语言表达形式的多样性。思维是语言产生的材料基础之一。

远古时代，人类在为了生存与自然界做斗争的过程中只是凭借手势、动作等身体语言来表达思想、传递信息。尽管当时的思维水平比较低，但也可以进行简单的思维活动，逐渐发展到觉得"有什么话非说不可"的阶段时，语言就随之产生了。所以在辩证唯物主义看来，劳动创造了语言，而思维为语言的产生提供了原材料和推动力。

思维决定了语言，语言又反作用于思维。

语言的意义材料来源于人的思维活动，来源于人的主观认识对现实的反映。语言的结构规则和语法系统是在人类对思维长期概括和抽象活动的基础上逐渐生成的，由此可见语言离不开思维活动。

语言是思维外化的载体,记录了思维的成果。思维的发展也带动着语言的发展。随着人类社会的进步,人们的主观世界对文明发展的成果以及不断变化的客观世界形成了新的概念和新的词语,一旦这种形式固定下来,其对思维的影响也非常之大。

二、语言对思维的影响

语言具有抽象性的特点,能有效地对客观世界和思维活动进行概念化和分类。它让人们走出了混沌无序的世界,将客观事物的本质特征抽象出来加以概括,使概念得以定型。概念产生并固定之后,才会相继产生分析、综合、推理和判断,从而产生高级的思维活动。可见,语言不仅是巩固思维成果的重要工具,也是传播和交流思维成果的重要手段。历史的发展,文化的传承,文明的进步,这一切离开语言便无从谈起。

语言发展到一定阶段,其内部规则对人的思维便产生了模式化、社会化的影响,发挥着规范思维活动的功能,语法和结构约束着语言的表达形式。如:"我今天中午吃意大利面"不能说成"我吃今天中午意大利面"或"我今天吃中午意大利面";"He is a girl"显然应该改成:"She is a girl"或"He is a boy"。换句话说,语言不仅有表达功能,而且具有认知功能,为思维活动提供有效的工具,二者之间有着密不可分、相辅相成的关系。

由于各民族的历史、生态、宗教、民情、习俗不同,很多时候,对于同一对象或内容,不同民族有不同的表达形式。例如汉语中说"一举两得""一箭双雕",在英语中则用成语"to kill two birds with one stone"(一石二鸟),在德语中为"一拍子打死两只苍蝇",在法语中为"一块石头打两处",在俄语中为"一枪打死两只兔子"。

一种语言既然是一个民族进行思维和认知的工具，语言之间的差异在一定意义上就是不同民族对客观世界的不同认知，而并非只是声音和符号的差异。所以，我们有必要来探究语言及其表达上的思维特色，以及不同思维方式作用在语言上使语言呈现出的斑斓色彩。

第二节　中西方思维方式和语言差异比较

人类思维不仅具有共性，同时也必然具有个性，即民族性。一个民族的思维模式是该民族文化精神的长期积淀，在一定程度上反映出一个民族的文化心理。思维模式与文化密切相关，是文化心理特征的集中体现，同时又对文化心理的要素产生制约作用。思维方式的差异是造成文化差异的重要原因之一。各民族的地理环境、社会经济、历史发展、文化传统存在较大的差异，必然产生具有民族特征的不同思维方式。

中西方传统思维在思考重心、思维模式、认知定势、思维原则等方面各具特点，其差异表现在诸多方面，如：思维整体性和思维个体性之间的差异、思维具象性和思维抽象性的差异、主体意识和客体意识的差异等。思维的差异比较突出地反映在语言表达形式上，这无疑构成了不同民族间交往和沟通的障碍。

一、思维的整体性和个体性对比

潘文国教授在其著作《汉英对比纲要》（1997）中对汉民族思维重整体和西方人思维重个体的特点做了如下阐述："中国人似乎更长于总体把握，而西方人则长于条分缕析；中国人善归纳，西方人善演绎；中国人强调群体，西方人强调个体……"。两种思维方式的性质差异可谓泾渭分明。

德国语言学家、哲学家、普通语言学创始人威廉·洪堡特（Karl Wilhelm von Humboldt, 1767—1835）曾说过："语言从精神出发，再反作用于精神。"语言是一种世界观，思维反映现实、语言凝化思维。中国传统的"天人合一"的思想将人和自然视为一个有机的整体，因此汉民族思维模式的基本特点即是强调整体上的和谐统一和稳定平衡；西方哲学理论则倾向人与自然的对立、物质与精神的对立、主体与客体的对立，将统一的世界观分为不同的层次，充分展示世界的多层次性和矛盾性，把具体、个别的问题从总体中分离出来，一个部分一个部分地进行研究和分析。这种整体性和个体性思维模式的差异必然会影响到各自的语言表现形式，成为语言表层形式的深层次生成机制，使得两种语言在造字构词、行文遣句、言语表达、篇章结构上出现了根本的差异。

西方人的个体性思维模式使得其造字构词的个体性特点非常突出，这个特点被比喻为"原子主义"（潘文国，《汉英对比纲要》，1997）。"原子主义"形象地解释了对物体的指称命名从个体（原子）出发，不特别注重整体与个体之间的联系。例如对动物的命名不像汉语那样从大类出发，而是从个体着眼。如：cat, dog, wolf, monkey, pig, lion, fox, deer 等动物均独立命名，从形式上看不出各种动物间的任何属类联系。与之形成鲜明对比的是，汉语中动物的名称多带偏旁"犭"，如猫、狗、狼、猴、狐、猪、狍等。汉语中流行的俗语："认偏旁部首，认字认半边，"虽不是百分之百的正确，但基本如此，这足以说明汉字从总体到个别的造字规则。"以类相从"的造字整体意识使得汉字中的部首成为查找生字的基本单位。比如带"艹"字头的字，多属草本植物的指称或与其品质属性相关。如：芋、芍、苣、芽、芳、芥、荷、蒜、菊、苕、蔓等。以部首显示类别，这正是汉民族思维整体性的表现。

汉语的构词方式也反映出汉民族重整体的意识。无论是双音还是多音词语，一般都是先确定总体的类别，再进行个体的区分。如草本植物可以分为花、草、菜等类别，而后分为菊花（chrysanthemum）、茉莉花（jasmine）、兰花（orchid）、牡丹花（peony）、桃花（peach blossom）、杏花（apricot blossom）……；茜草（madder）、兰草（fragrant thoroughwort）、海草（sea grass）、茅草（thatch）……；韭菜（chives）、白菜（cabbage）、芹菜（celery）、蕨菜（fiddle head）……。从后面的英文对应词来看，它们在形式上不发生任何联系。

二、思维的抽象性和具象性对比

中国传统思维注重实践经验，借助直觉体悟，注重心物交融，知情意贯通。通过知觉从总体上对事物进行模糊而直接的领悟，从现象去领悟认识对象的内在本质和规律。这种直觉思维模式使得传统中国人强调静观、灵感、顿悟，讲究在一瞬间快速而直接地对世事进行整体把握和理解，这种思维方式的哲学基础正是中国儒、释、道三家哲学观念相结合融通的体现。如庄子强调"得意忘言"，重言外之意、韵外之致；佛教传入中国后与中国传统哲学结合，形成禅宗，强调顿悟和语言文字的神秘性。

着力对事物形象的描摹，不重视逻辑推理，而是特别强调"悟性"的高低，这使得中国古代诗人和文学家辈出，灵感和洞察力备受推崇，用形象化语言描绘抽象概念和规则成为中国人表达方式中一个突出的特征。于是西方语言文化上的科学文本和汉语言文化上的诗化文本使得各自的智性精神和悟性精神稳定地凝固起来。

西方人的思维传统注重科学、理性,强调对世界的本质和规律的科学判断和推理论证,形式逻辑、抽象思维在思维过程中的比重远远超过了形象描述和直觉领悟。透过现象抽取本质、通过推理形成概念是其思维特征中最突出的特点。

英语与欧洲其他语言的哲学背景是亚里士多德严密的形式逻辑及后来16世纪到18世纪弥漫于欧洲的理性主义,这种理性思维模式作用于语言上则产生了英语的理性主义特征。逻辑性、组织性和理性构成了英语的"阳刚之美"。英语句子主干突出,主谓机制成为句子的主体构架,后用连词将各个句子有机结合起来。主干很短,但果实累累。语法规范严紧,理性十足,形式逻辑严密,滴水不漏。在体现理性特征时,英语的词汇中有很多抽象概念,这是汉语、尤其是古汉语不能相比的。比如beauty, intelligence, existence, logic, philosophy, democracy, humour, wisdom, correctness, relativity, exhaustion等。比如在下面两句话中,英语的抽象名词在汉语表达中进行具象化的翻译则显得比较自然:

Wisdom prepares for the worst, but folly leaves the worst for the day it comes.

聪明人防患于未然,愚蠢者临渴而掘井。

Her beauty was as such as to overthrow cities and ruin states.

她真不愧是倾国倾城的美人。

汉语中常常用具体、形象的词汇表达难以名状的抽象概念,而且可以让人借助经验"一见便知,一闻便悟"。如"美"字正是古代中国人凭经验对"羊大"这一事物所产生的心灵图像,并将这一图像十分直观地表现出来。再如用"矛""盾"这两样攻与防的兵器去组成"矛盾"这一抽象的状态，用"吃醋"来形容酸溜溜的"忌妒"这一难以言表的情绪体验，将客观事物的抽象性质用形象化的语言具象地呈现出来，这也是汉语的魅力所在，是中国传统文化"尚象"的具体表现。英语则更多使用抽象名词表达概括和笼统的概念，常常显示出隐晦虚泛的特点，但也正好适合表达复杂、精微的思想和情感体验，体现出西方文化"尚思"的特征。如：

The signs of the time point to the necessity of the modifications of the system of administration.

管理体制需要改革，这已经越来越清楚了。

The trunk was big and awkward and loaded with books; but his case was a different proposition.

那个箱子又大又笨重，装满了书；而他的箱子却是另外一回事。

以上两个句子若完全直译过来，便出现了备受诟病的"翻译腔"，呆板而晦涩，难以达意。

中国人偏重经验悟性也反映在一些模棱两可的词语使用上。汉语的魅力在于其暗示力和意境性，以神统形，富有弹性。如"灭火"和"救火"竟然同属一个意义，需要人们根据经验和判断领悟。"地上"和"地下"也可以指一个地方。"中国队大胜日本队"与"中国队大败日本队"形式相反，意义相同，常令外国人云里雾里，不知所云。

汉语具象性思维模式和西方重形式论证的思维方式使两种语言各自呈现出直露和含蓄的明显差异。英语的精准和周严、汉语的模糊和简约通常被语言学家概括为"形合"（hypotaxis）和"意合"（parataxis）两种语言风格。汉语一般不依靠语言形式，而是借助词语或句子暗示意义的内在逻辑关系来实现语义连接（cohesion）；而英语在句法上强调明示形态和结构，注重语言形式的前后衔接，即借助语言形式和连接词来完成词语和句子的显性语义连接。正是这个原因，英语中的显性连接词要远远多于汉语。例如：

He is not honest, and so he is not fit to be s cashier.

他不诚实，（所以）不适合做出纳。

One will fail unless one perseveres.

Keep on, or we'll fail.

If you don't hold on, you will fail.

不坚持，就会失败。

著名翻译家傅雷认为"东方人和西方人的思想方式有基本分歧：东方人重综合、归纳、暗示；西方人则重分析、细微、曲折，挖掘唯恐不尽，描写唯恐不周。"

杨振宁教授也曾说过："中文的表达不够准确这一点，假如写法律是个缺点的话，写诗却是一个优点。"

以英语作为参照，汉语的特点也突显出来。如前所述，汉语的魅力在于其暗示力和意境性，在于其流散和疏放。句子结构简洁明快，以神统形，注重隐性连贯，是一种体现阴柔之美的语言（feminility），也被著名语言学家王力先生描述为一种"人治"的语言。

与英语句子"葡萄串"形结构截然相反，汉语句子是"竹竿"形结构，句子较短，层层推进，从容不迫。如：

从其交友，知其为人。

Tell me whom you associate with and I will tell you who you are.

打肿脸充胖子，吃亏是自己。

If you get beyond your depth, you will suffer.

酒令智昏。

When wine is in, wit is out.

不进则退。

He who does not advance falls backward.

物极必反。

Once a certain limit is reached, a change in the opposite is inevitable.

以下这段文字更能突出体现出汉语独特的意合式句式：

"有个村庄叫张家庄。张家庄有个张木匠。张木匠有个好老婆，外号叫"小飞蛾"。小飞蛾生了个女儿叫"艾艾"，算到一九五零年阴历正月十五元宵节，虚岁二十，周岁十九。"（赵树理《登记》）

汉语句式的意合法使中国诗歌艺术更具含蓄的特点，呈现出独特的意境之美。正如古典文学专家袁行霈在其《中国诗歌艺术研究》（1987）中指出："中国诗歌艺术的另一个奥妙在于意象组合的灵活性。在这方面，汉语语法的特点给诗人以极大的方便。汉语句子的组织常常靠意合而不是形合，中国诗歌充分利用了这个特点，连词、介词往往省略。词和词、句和句，几乎不需要任何中介而直接组合在一起。这不仅增加了意象的密度，而且增强了多义的效果，使诗歌更含蓄，更有跳跃性，从而给读者留下更多想象补充和进行再创造的空间。没有严格意义的形态变化，不受时、数、性、格的限制，也是汉语的一个特点。诗人可以灵活地处理和表现意象的时空关系、主客关系。不黏不滞、自由笔墨，使诗歌的含义带有更大的弹性。"故而中国诗歌的简练、含蓄是世界文学中少见的。正是基于汉语的以上特点，在文学翻译家们看来，"诗歌翻译是一门令人遗憾的艺术""中国文学翻译成其他文字，便不再是中国文学了"。

下面我们以一首汉诗英译为例，进一步比较一下中西语言"意合"和"形合"的差异：

峨眉山月半轮秋，影入平羌江水流。

夜发清溪向三峡，思君不见下渝州。（李白）

The autumn moon is half round above Omei Mountain,

Its pale light falls in and flows with the water of the Pingchang River.

In night I leave Chingchi of the limpid stream for the Three Canyons,

And glides down past Yuchow, thinking of you whom I can not see. （闻一多，《唐诗杂论》，1998）

从英文译文中我们可以看到，在原诗中隐去的主体和客体在英语中均已出现（I, you），使得译文失去了汉语中的含蓄和模糊的意境，再加上"above, in, of, for"等介词的使用，英语的精准直露一览无余。

汉语"以意统形"的特点在古代汉语中尤为明显，这使得古代汉语的艺术性和审美价值在众多语言中独树一帜。如：

知己知彼，百战不殆；不知彼而知己，一胜一负；不知彼不知己，每战必殆。

You can fight a hundred battles without defeat if you know the enemy as well as yourself. You will win one battle and lose one battle if you know yourself but leave yourself in the dark about the enemy. You will lose every battle if you leave both the enemy and yourself in the dark. （刘宓庆，《文体与翻译》，1991）

再以苏轼脍炙人口的《水调歌头·丙辰中秋》为例：

明月几时有，把酒问青天，不知天上宫阙，今夕是何年。我欲乘风归去，又恐琼楼玉宇，高处不胜寒，起舞弄清影，何似在人间。转朱阁，低绮户，照无眠。不应有恨，何事长向别时圆。人有悲欢离合，月有阴晴圆缺，此事古难全。但愿人长久，千里共婵娟。

When will the moon be clear and bright?

With a cup of wine in my hand, I ask the blue sky.

I don't know what season it would be in the heavens on this night.

I'd like to ride the wind to fly home.

Yet I fear the crystal and jade mansions are much too high and cold for me.

Dancing with my moon-lit shadow, it does not seem like the human world.

The moon rounds the red mansion stoops to silk-pad doors, shines upon the sleepless bearing no grudge.

Why does the moon tend to be full when people are apart?

People may have sorrow or joy, be near or far apart,

and the moon may be dim or bright, wax or wane,

This has been going on since the beginning of time.

May we all be blessed with longevity though far apart, and we are still able to share the beauty of the moon together.

　　从中英文对比中可以看出，在汉语中隐含的成分在英语中均须加以补齐，否则就会违背英语的语法规则。这一特性也使得英汉翻译的增译和减译成为一个常用技巧。

　　当然，形合和意合也并非绝对，意合在汉语中属常态，在英语中则属变态。英语中偶尔也会出现约定俗成的意合习语，但不占主流。

因此，汉语是意合为主，形合为附。英语则相反，如：

Man proposes, God disposes. 谋事在人，成事在天。

Early come, early served. 先来先吃。

More haste, less speed. 欲速则不达。

A lot of relatives, a lot of trouble. 亲戚多，麻烦多。

Feast today, fast tomorrow. 今日大吃大喝，明日忍饥挨饿。

United, we stand; divided, we fall. 合则存，分则亡。

No pains, no gains. 不劳无获。

No discord, no concord. 不打不相识。

季羡林先生在谈到中西两种语言在精准和模糊的差异问题上有一段精彩的论述：

"汉语的历史演变中有一个很有趣的现象：代表古代语言的文言文，越古越简单，单音词越多。由于没有形态变化，一句之中，字与字的关系有时难以确定，可以有多种解释，灵活圆通，模糊性强。学习和理解这种语言，不能靠语法分析，而主要靠语感，靠个人的悟性。可是语感这玩意恍兮惚兮，不易得到，非长期诵读，难以得其门径。"

逻辑严密的英语语法反映出英美民族偏重抽象理性的思维特点，句子无论多长、如何变化，均置于语法的逻辑分析之中，受理性思维的支配。在中西两种语言对比上，"一个表达如风光霁月，呈现着语言的澄明之美，传达信息清晰明了，表达思想透彻直接，较少歧义；一个语言表达似雾里看花，呈现着语言的朦胧之美，意义的呈现丰富曲折，具有多种阐释的可能，引人遐想。"（徐行言，《中西文化比较》，2004）"汉语的妙处似乎是"如空中之音，相中之色，水中之月，镜中之缘""羚羊挂角，无迹可求"。

190

"五四"之后，欧风东渐，白话文流行，由于语言内部规律的制约，也由于西方语言的渗透和影响，汉语中靠分析的成分越来越多，理解的圆通性逐渐减少了，但依然没有改变汉语"意合"的本质特征。因此王力教授用"人治"和"法治"来形容中西语言的差异是十分准确的。

三、汉语的主体意识和英语的客体意识

除悟性和理性的对立以外，主体意识和客体意识也是东西方哲学作用于思维方式上表现出来的根本差异。

主体和客体是哲学上的两个概念，两者往往是相对而言的。客体是主体认识和实践的对象，主体是指有认识和实践能力的人。主体意识指在意识上强调以主体为主，以人为本；客体意识则相反，以物为先。

中西方主客体思维意识的差异自然会在语言的使用上产生影响。而透过英汉语在言语使用方面的差异，也可透视出上述两种不同的思维方式。

（一）抽象名词和具象表达。英语强调客体意识在行文中的突出表现是行为动作主语不但可以是人，也可以是指称物的词语甚或抽象事物，使得措辞简练，逻辑严密。而在汉语中，行为动作的主语常常仅仅是人或具象的事物。因此英语中抽象名词的使用频率明显高于汉语。汉语常以实的形式表达虚的概念，以具体的形象表达抽象的内容。如：

Wisdom prepares for the worst, but folly leaves the worst for the day it comes. (R. Cecil)

聪明人防患于未然，愚蠢者临渴而掘井。

191

Some dress designers have been sacrificing elegance to audacity.

有些时装设计师舍弃了优雅别致的式样，追求袒胸露体的奇装异服。

The thought of returning filled him with sorrow.

他一想到还要回去，心里就充满了悲伤。

His speech impressed the audience deeply.

听众对他的演讲印象很深。

October 2003 found me studying teaching methodology at Beijing Normal University.

2003年10月，我正在北师大学习教学法。

His triumph was complete.

他取得了彻底的胜利。

Formality has always characterized their relationship.

他们之间的关系，有一个特点，便是相敬如宾。

英语抽象名词多，有丰富的虚化手段，其中有虚化功能的后缀最为常见：

-ness   greatness , illness

-ion   discussion , decision

-ship   friendship , relationship

-dom   freedom, kingdom

-hood   motherhood, childhood

-ment   movement, argument

……

英语强调客体意识对言语表达的另一个影响还反映在"it"做形式主语的句子中。"it"可以用来表示气候、温度、时间、距离，或是做不定式结构、-ing 分词结构、名词性从句或强调句式等的形式主语。这在汉语中是根本不存在的。例如：

It is wise of you to get up early and go out to breathe deeply in the morning.

早餐起床后到户外深呼吸是非常明智的做法。

It is through practice that we come up with the theory.

我们是通过实践才得出这条理论的。

It is physically impossible for a well-educated intellectual to make money the chief object of his thoughts.

一个受过良好教育的知识分子实在不可能把金钱作为他孜孜以求的主要目标。

It appears that you have got alternative on this issue.

你似乎在这个问题上柳暗花明了。

（二）主动句和被动句。英语中甚至有过度使用被动语态的倾向，正式文体尤其如此。被动语态虽然理性客观，但显得间接、无力、隐晦、故弄玄虚、深不可测，使交际者当中隔着一层被动的烟幕。但是其优势在于它比主动语态更能够避免主观色彩，更能突出主要论证客体和说明对象，引人注目，简洁明了，客观可信。

主客体意识的思维差异表现在英语中广泛使用的被动语态上，尤其是在科技文体、法律文献、学术文章和客观的新闻报道中，被动语态更是附拾即是，这和西方人思维方式的理性客观偏重事实的倾向密切相关。如：

Table tennis is played all over China.

中国到处都打乒乓球。

History is made by the people.

人民创造了历史。

Diplomatic relation has been established between China and U.S.A.

中美已经建立了外交关系。

Has the letter been mailed?

信寄了吗?

The venue has been arranged well.

会场已经布置好了。

体现英语客体意识的还有一类句子, 如:

我今天得把鞋修好。

I have to get my shoes mended.

她每两周去美容院做一下头发。

She has her hair dressed every two weeks in the beauty shop.

我去修一下自行车。

I'm going to have my bicycle repaired.

从以上句子中可以看出, 在中国人心目中"我把鞋修好"和"我去商店买点东西"一样, "我"是主体, 至于鞋是谁来修并不重要也不需要指明; 而在英语中主、客体都被清楚地反映出来了。

中国人思维中的主体意识还表现在将环境经常拿来做主语表达的主体, 而西方人则冷静客观地将环境放在后面其应有的位置, 做状语。这恰恰是中国哲学天人合一、人与环境融为一体的具体表现。而在英语中, 人和环境是有一定距离的, 时间、处所均属于客体。如:

上海发生了很大变化。

Great changes have taken place in Shanghai.

我家有一只可爱的小狗。

There is a lovely doggy in my house.

第三节　英汉习语与思维方式

习语,是习惯用语(idiomatic phrases)的简称。世界上凡是历史比较悠久的语言都包含有大量的习语,它是语言中经过长期使用而提炼出来的固定词组、短语或短句。习语的范围很广,通常包括成语(set phrases)、谚语(proverbs)、格言(sayings)、俗语(colloquialism)、典故(allusions)和俚语(slangs),汉语中还有歇后语。

习语结构严谨、形式简练、形象鲜明、表达生动、寓意深刻,读之悦耳、听之怡情、说来顺口、易懂易记,为中西方人们所喜闻乐见。

习语堪称语言之精华,在体现语言的文化特征方面,比之其他语言形式更具典型性。各民族文化的个性特征和思维方式经过历史的沉淀无不结晶在习语层面上。习语承载着丰富的文化信息,具有浓厚的民族色彩,反映出中西方不同的历史演变、宗教信仰、价值判断、风俗习惯、民族心态等文化积淀。不过,人类毕竟生活在同一个地球,经历了大体相同的社会发展和文化变迁过程,社会生活的相似性、人类思维和情感的共通性使得人类思维活动中共性的成分占有相当大的比例,各民族文化有巨大的共核。正是文化和思维的共性导致了中英文中的一些习语在语言形式和修辞喻体上有惊人的相似性,产生了"异曲同工之妙"的感叹,给人一种不谋而合、天造地设的感觉。如:

趁热打铁　to strike while the iron is hot

如履薄冰 to be on the thin ice

火上浇油 to pour oil on the flame

轻如鸿毛 as light as a feather

如坐针毡 to sit on pins and needles

浑水摸鱼 to fish in the troubled water

沧海一粟 a drop in the ocean

水火无情 Fire and water have no mercy

寡言为贵 Few words are best

会叫的狗不咬人 Barking dogs don't bite

眼不见，心不烦 Out of sight, out of mind

但是，由于中西方思维方式的差异性毕竟占主流，因此在词语组成方式和人的感知取向上存在很多差异。考察英汉习语的语义组合方式，可以发现两种思维方式对客观世界的不同看法。

中国的理性主义趋于直观具体，认识主体凭借直观理性认识整体，把握外在世界，是一种依靠具象直觉与整体和谐为主要特征的思维模式；西方传统哲学思维是以主客观对立为出发点，对外部世界的认识依赖于抽象理性的表达，是一种分析性逻辑思维模式。

（一）感知取向和空间概念对语言的影响。思维方式的不同，感知世界的方式亦不同。比如英美国家尚右忌左。习语get up on the wrong side of the bed.（一起床就心绪不佳）就源于清晨起床右脚下地才是吉利的兆头。right-hand man（得力助手），right man（正直的人），Mr\Mrs Right（理想的丈夫、妻子），have two left feet（极笨），over the left（完全是这样，正相反），left-handed（虚假情谊的恭维），left-footed（笨拙的），marry with the left hand（与门第低的女子结婚），out in left field（错误的、有毛病的、荒诞的），right thinker（思维

196

健全的人）。在汉民族传统的思想观念中，有崇"左"惧"右"的心理，尤其是表现在政治上，"左"代表革命、进步，"右"代表落后、反动，这种思维定势影响了几代人。从20世纪30年代的"左翼"作家联盟，50年代的反"右"斗争，到70年代的极"左"思潮等，均体现出这一思维习惯。

中西方不同的方位感知取向还表现为对东、西、南、北截然不同的内涵意义的现实体现。在中国的传统方位观念中，以"东"为尊，以"西"为卑，所谓"日出东方""旭日东升""日薄西山""夕阳西下"，无不寄托传统中国社会对"东"的景仰，对"西"的无奈。"东风送暖""西风凛冽"，褒东贬西。"东风夜放花千树。更吹落，星如雨，宝马雕车香满路。……""古道西风瘦马，夕阳西下，断肠人在天涯。"更让人在东风中体验生机和温暖，在西风中玩味寒冷和萧瑟；西方人对西风则情有独钟，例如："It's a warm wind, the west wind, full of birds' cries."尤其是英国人喜欢西风，因为西风从大西洋徐徐吹来，给英伦三岛送来了暖意。

中国自古以来就有"南面为王，北面为寇"，以南为尊的传统。山之南阳光充足，山之北则为阴面。人们常说"南来北往"，并习惯说"从南到北"，汉语中的"西北""西南""东北""东南"之类的方位词语在英语中则常常以相反的次序排列来表达，分别为northwest, southwest, northeast, southeast。

从某些并列结构的词语排序中，我们甚至可以看到中西方截然相反的感知取向：

新旧 old and new

冷热 hot and cold

迟早 sooner or later

血肉 flesh and blood

（二）审美取向对语言的影响。中国哲学"天人合一"的朴素整体观和对宇宙的对立统一认识的朴素辩证观孕育了汉民族凡事讲究成双成对，重视均衡和谐的审美范式，宫殿、神庙、城池、家居、装饰等建筑铺排都显示出整齐的对称之美。书法绘画艺术，对联与诗歌音节的审美习惯也与此一脉相通，这对汉语的构词和行文产生了极大的影响，尤其在习语上表现更为突出。

喜欢成双成对的审美情趣使得汉语中出现大量的结构对称、字数相等的成语或谚语，使语言有种中正、调和之美：

十年树木，百年树人

四体不勤，五谷不分

不塞不流，不止不行

流水不腐，户枢不蠹

下笔千言，离题万里

兼听则明，偏信则暗

成事不足，败事有余

落花有意，流水无情

世上无难事，只怕有心人

路遥知马力，日久见人心

吃一堑，长一智

前怕狼，后怕虎

少壮不努力，老大徒伤悲

不入虎穴，焉得虎子

画虎画皮难画骨，知人知面不知心

良药苦口利于病，忠言逆耳利于行

节衣缩食	争强好胜	灵丹妙药	古色古香	花言巧语
良师益友	旁敲侧击	清规戒律	仁人志士	毕恭毕敬
烟消云散	背井离乡	风花雪月	喜怒哀乐	轻重缓急
是非曲直	亲疏远近	琴棋书画	争分夺秒	南来北往
同床异梦	眼高手低	无中生有	小题大做	大智若愚
公而忘私	天高地厚	以德报怨	因祸得福	上行下效
以逸待劳	朝不保夕	朝三暮四	七手八脚	三长两短
九死一生	横三竖四	阳奉阴违	深入浅出	好逸恶劳
古往今来	破旧立新	异口同声	天长地久	东张西望
琳琅满目	踌躇满志	孤苦伶仃	斑驳陆离	逍遥自在

……

在汉语习语中, 四字格是广为运用的语言形式, 它们言简意赅, 历经锤炼, 修辞优美对称, 结构稳重平衡, 这是英语所不能及的。如:

能工巧匠　skillful craftsman

天涯海角　the remotest corner of the earth

花言巧语　fine word; sweet words; blandishness

东倒西歪　tottering ; unsteady

南辕北辙　in a way that defeats one's purpose

亲痛仇快　sadden one's own folk and gladden the enemy

天造地设　created by nature; ideal

称心如意　satisfactory

惊天动地　earth-shaking

南腔北调　a mixed accent

四分五裂　fall apart

年富力强 in the prime of age

西方文化诞生于波涛汹涌的蓝色大海，生活的不稳定和变幻无穷的生活常态造就了西方人讲究突破常规和挑战自然的文化精神和思维惯性。西方建筑中的哥特式教堂、希腊神殿等都追求高耸入云，突出重心；园林艺术则一览无余，造型流畅，反映了他们突破对称，不安现状，简洁明了的审美心态。因此反映在语言上，突出表现为英语的表达不受字数、对称、行列的限制，也很少音韵的制约，即使是诗歌亦是如此。除成对词之外，习语的搭配多数无固定的规范模式，词与词的语义组合取决于形态变化（前缀后缀）与连接手段（介词、连词）。如：

kill the goose that lay the golden eggs 杀鸡取卵，竭泽而渔

give a lick and a promise 敷衍塞责

meet one's Waterloo 一败涂地

fight（with）windmills 以幻影为敌，跟风车开仗

Homer sometimes nods 智者千虑，必有一失

take French leave 不辞而别

great oaks from little acorns grow 合抱之木，生于毫米

what's done can't be undone 木已成舟，覆水难收

when geek meets geek 棋逢对手，将遇良才

bury one's head in the sand 自欺欺人

fine feathers make fine birds 佛要金装，人要衣装

也有少数英语习语是双句对仗、前后押韵的，这种句式的对称和平衡，不仅在语感上，而且在视觉上都给人以和谐、匀称的美感享受，呈现出一种语言均衡之美。例如：

Out of sight , out of mind 眼不见，心不念

No mill , no meal 不劳动, 不得食

No cross , no crown 不经苦中苦, 难得甜上甜

Easy come , easy go 来得容易, 走得快

No pains , no gains 不劳则无获

Like father, like son 有其父, 必有其子

Art is long , life is short 艺无止境, 人生有涯

All cover , all lose 贪多必失

对偶句式常能产生出充满东方睿智的名言警句, 如 "世事洞明皆学问, 人情练达即文章" "朱门酒肉臭, 路有冻死骨" "信言不美, 美言不信" "天时不如地利, 地利不如人和" 等, 这说明中国人的辩证思维十分发达。值得一提的是, 汉民族思维习惯重悟性、轻理性, 使得重 "领悟"、重 "言外之意"、重含蓄、"追求神秘性和模糊性"、重 "禅" 意的哲学思想, 在中国人头脑中根深蒂固。表现在文章上, 注重含蓄; 绘画上注重写意, 而将工笔勾勒视为 "匠气", 缺乏大家风度; 戏剧上忌过于写实, 提炼出 "程式"; 园林建筑贵曲径通幽, 步换景移, 忌一览无余。在语言上除了 "意合" 之外, 民间的歇后语充分体现了一种中国式的狡黠, 启发对方领悟出后段, 从而造就一种语言上的生动形象, 诙谐幽默。歇后语的发明利用了前后两个事物的逻辑联系, 为汉语所独有, 十分机智、巧妙。例如:

wait and see 骑驴看唱本——走着瞧

pick flaws 一根筷子吃藕——挑眼

never return 肉包子打狗——有去无回

suffer the bitterness of sth. in silence 哑巴吃黄连——有苦说不出

… won't last long 兔子尾巴——长不了

keep silence 徐庶进曹营——一言不发

201

defy laws　和尚打伞——无法无天

第四节　文化交流和语言融合

中西文化的交流、渗透，甚至融通、趋同，是文化发展的现状和今后的必然趋势。文化的融合首先反映在语言的融合，语言的融合又必然首先反映在语言的词汇层面上。通过译介新词术语，介绍和传播异族文化，再经过广泛的流行和使用，逐渐融入民族语言的词汇中，从而成为主流文化的一个有机组成部分，这是语言交流带动文化交融的具体表现。

早在东汉至唐宋时期，佛经翻译就将许多梵语词汇带入了汉语，翻译家们在采用归化译法的同时，也大量采用了异化移植的方法，引入了许多反映印度佛教文化的词语，如"浮屠"（古时对和尚的称呼）；"菩萨"（指修行达到一定程度，地位仅次于佛的人）；"金刚"（指佛的侍卫力士）；"观世音"（观音菩萨，是慈悲的化身，救苦救难之神）；"弥勒佛"（佛中袒胸露腹，满面笑容之佛像；佛教八大菩萨之一，大肚能容天下难容之事）；"劫"（又音译为劫波，1680万年为一小劫，二十小劫为一中劫，四中劫为一大劫。在每一劫的末尾，一切毁灭，因此有"在劫难逃""万劫不复"之说）。世界、刹劫、缘分、果报、解脱、一尘不染、魔等都是佛教词汇，历经千载，广为流传，家喻户晓，成为人们日常生活的常用语汇。

从明朝开始，基督教传教士在传教过程中也引入了大量西方文化。直至西方列强用坚船利炮打开了中国"闭关锁国"的大门，中国的有志之士远渡重洋寻求救国救民的真理，严复、林纾等翻译家将西方文化大量译介过来，特别是"五四"新文化运动带来的西风东渐使大量的新词术语引入汉语表达当中, 中国人逐渐接受和使用民主 (democracy)、科学 (science)、社会主义 (socialism)、资本主义 (capitalism)、哲学 (philosophy)、逻辑 (logic) 等社会科学词汇, 电话 (telephone)、电灯 (electric lamp)、电影 (film)、雷达 (radar)、收音机 (radio)、照相机 (camera)、维他命 (vitamin) 等带有洋味的词语也进入了人们的生活中。西方习语中的 "兵败滑铁卢" (meet one's waterloo)、"鳄鱼的眼泪" (crocodile tears)、"橄榄枝 (olive branch)、"特洛伊木马" (Trojan horse)、"酸葡萄 (sour grape) 等附着很深文化内涵的成语和典故更是人们愿意借用的修辞比喻。它们已经成为汉语的有机组成部分, 在丰富了现代汉语词汇的同时, 也提升了汉语的交际效果, 直接影响了人们思想观念的更新和生活方式的改变, 推动着社会的发展和文明的进步。

改革开放以来, 中西方文化以多渠道、多方法不断进行接触和交流, 英语的词汇和术语更是海量涌入汉语之中, 成为上至精英, 下至草根阶层的日常语汇, 几乎随处可见、须臾不离。如: "超市" (supermarket)、"白色污染" (white pollution)、"绿色食品" (green food)、"网购" (on-line shopping)、"快餐" (fast food)、"肯德基" (Kentucky)、"麦当劳" (McDonald)、"可乐" (Coco-Cola)、"星巴克" (starbucks)、"因特网" (internet)、"信息高速公路" (information superhighway)、"网址" (net site)、 "电子邮件" (e-mail)、"电子商务" (e-commerce)、"博客" (blog)、"微博" (microblog)、"脸书" (facebook)……这些层出不穷的新词语, 从一个侧面反映了一个新时代的到来, 也直接印证了中西方语言的融合趋势。

当今世界, 各民族都以更开放的心态拥抱和吸纳彼此文化的营养，以不断调整和充实、更新自己的语言文字，甚至文化心理、思维方式。西方节日被引入中国，和中国传统节日平分秋色、各领风骚，丰富了人们的生活，也改变着人们的思维方式；西方影视作品广受青年一代喜爱，里面的人物和故事影响和改变着人们的价值观和处事方式，语言的融合随之出现了前所未有的高潮。尤其是中外合语现象日趋普遍，这种当年被钱钟书先生戏称为"牙缝中夹菜叶子"的两种语言夹杂使用的言语表达方式逐渐被人接受并流行于大众媒体、街巷市井、官方民间，说起来别有一种趣味和情调，如"卡拉OK""KTV包房""BP机""CD片""X光片""CT扫描""B超"等，以及"GDP""WTO""IMD""PM 2.5"等。随着西方文化影响日趋广泛和英语强势地位的日益凸显，这种情况会愈演愈烈。中国大学校园曾有学生用合语形式编了一首顺口溜，巧妙地将英汉两种语言融合于一体，创造出风趣诙谐的表达效果，读来颇为合辙押韵，令人忍俊不禁：

何必努力study?

考试只求sixty。

一心想着money，

最好娶个beauty。

及早生个baby，

这样才叫happy!

语言是思维的反映，最敏感地反映了社会生活和思想观念的变化，也是一个人、一个群体、一个社会的"文化标签"。这首顺口溜所反映的当代部分大学生的价值取向虽不足取，中英合语也不符合语言规范，但却从一个侧面反映了在中西文化交流过程中语言的融合现象。

　　当然，文化交流是两种或多种文化的双向互动。在一定的历史阶段，某一方主导或占据强势文化的地位，另一方则居次要和弱势地位。从目前中西文化的力量对比来看，西方文化，特别是英语文化对中华文化的影响力显然更大一些，其原因当然很明显，科学技术的先进和经济实力的强大使得英语语言的渗透和影响力遍及全球，英语作为"世界普通话"一直占据着中西语言的霸主地位。但随着近年来中国文化不断进入西方，中国第二大经济体地位的确立和改革开放不断走向深入，加之中华文明历史悠久、源远流长、生命力极为旺盛，汉语语言在各个领域也不可避免地对西方文化产生了一定的影响。除了早期的儒家（Confucianism）、道家（Taoism）、叩头（Kowtow）、功夫（Kung fu）、武术（Wushu）、丢脸（lose face）、关系（guan xi）、饺子（jiaozi）、纸老虎（paper tiger）、阴（yin）、阳（yang）等词被收入英语词典之外，如今的一些体现中国人思维惯性的表达如"long time no see""day day up""you can you up""no zuo no die""give you some color look look"等表达形式也堂而皇之地登堂入室，一时间成为英语一种流行语。曾几何时，"Chinglish"曾作为一种尽力回避的中式英语的代名词，如今也作为一种"变体"，与Singlish（Singapore English），Hinglish（Indian English）（Hindi）一样衍生出来，逐渐成为交际中规范英语的替代品，试图去突破语言文字横亘在我们面前的一道文化鸿沟，为国际社会所接受。这些表达不合语法规则，但简练易懂，朗朗上口，颇为流行。

　　随着我国科学技术的发展，民族文化的振兴和综合国力的增强，中华文化，尤其是汉语言文字对西方和世界文化的影响会越来越大，反映中华文化的词汇、语言结构和表达形式也会越来越多地融入西方和世界文化及语言之中。

参考文献

[1]〔美〕里奈尔·戴维斯.《中西文化之鉴》[M].北京:外语教学与研究出版社, 2001.

[2]周义, 徐志红, 等.《中西文化比较》[M].北京:人民教育出版社, 2004.

[3]王前.《中西文化比较概论》[M].北京:中国人民大学出版社, 2005.

[4]徐行言.《中西文化比较》[M].北京:北京大学出版社, 2006.

[5]潘文国.《汉英语对比纲要》[M].北京:北京语言大学出版社, 2004.

[6]吴克礼.《文化学教程》[M].上海:上海外语教育出版社, 2002.

[7]冯天瑜, 等.《中国文化史》[M].北京:高等教育出版社, 2005.

[8]余同元.《中国文化概要》[M].北京:人民出版社, 2008.

[9]张岱年, 方克立, 等.《中国文化概论》[M].北京:北京师范大学出版社, 2005.

[10]何善芬.《英汉语言对比研究》[M].上海:上海外语教育出版社, 2003.

[11]蒋磊.《英汉习语的文化观照与对比》[M].武汉:武汉大学出版社, 2000.

[12]冒国安.《实用英汉对比教程》[M].重庆:重庆大学出版社,

2004.

[13] 全国干部培训教材编审指导委员会.《外国艺术精粹赏析》[M].北京：人民出版社,2006.

[14] 王德春,等.《汉英谚语与文化》[M].上海：上海外语教育出版社,2004.

[15] 包惠南.《文化语境与语言翻译》[M].北京：中国对外翻译出版公司,2001.

[16] 方华文.《中国翻译史》[M].西安：西北大学出版社,2005.

[17] 程裕祯.《中国文化要略》[M].北京：外语教学与研究出版社,2002.

[18]〔美〕休斯顿·史密斯.《人的宗教》[M].海口：海南出版社,2006.

[19] 毛峰.《不可不知的西方文化常识》[M].北京：中国妇女出版社,2008.

[20] 余秋雨.《何谓文化》[M].武汉：长江文艺出版社,2012.

[21] 邓炎昌,刘润青,等.《语言与文化》[M].北京：外语教学与研究出版社,2001.

[22] 连淑能.《英汉对比研究》[M].北京：高等教育出版社,1994.

[23] 胡文仲.《跨文化交际学概论》[M].北京：外语教学与研究出版社,2005.

[24] 杜学增.《中英文化习俗比较》[M].北京：外语教学与研究出版社,2003.

[25] 贾玉新.《跨文化交际学》[M].上海：上海外语教育出版社,2003.

[26] 叶盛年.《西方文化导论》[M].上海：上海外语教育出版社,

2005.

[27] 方化文. 《西方文化概论》[M]. 北京: 中国人民大学出版社, 2006.

[28] 杨乃济. 《吃喝玩乐——中西比较谈》[M]. 北京: 中国旅游出版社, 2002.

[29] 叶乃泊, 等. 《希腊神话故事》[M]. 北京: 宗教文化出版社, 2003.

[30] 〔美〕理查德·易斯贝. 《古代希腊罗马》[M]. 北京: 外语教学与研究出版社, 2007.

[31] 〔美〕理查德·易斯贝. 《从中世纪到文艺复兴》[M]. 北京: 外语教学与研究出版社, 2007.